Yallah Tibesti

Werner Gartung

Yallah Tibesti

Vom Tschadsee zu den Felsenmenschen

westermann

Meinen Eltern

Dank

Am Gelingen der Reise und dem Zustandekommen des Buches waren so viele Menschen mit Ratschlägen und Unterstützung beteiligt, daß sie namentlich nicht alle aufgeführt werden können. Allen gebührt mein herzlicher Dank. Ganz besonders möchte ich mich bedanken bei:
CAMEROON AIRLINES, Didier Messanga; Kelsterbach
Prof. Dr. Peter Fuchs, Göttingen
Prof. Dr. Baldur Gabriel, Berlin
Hubertus von Lindeiner, N'Djamena/Münster
Eric Pittard, Billiers/Paris
René Schaerer, N'Djamena
Dr. Axel Weishaupt, Bonn/Khartoum

Titelfoto: erodierte Inselberge am Westrand des Tibesti

Die schönsten Fotos dieses Buches erscheinen
als großformatiger Wandkalender 1993
unter dem Titel: Afrika – Tibesti.

Zur Schreibweise: Ortsnamen, die Namen der ethnischen Gruppen und afrikanische Eigennamen sind der phonetischen Aussprache möglichst angeglichen.

Die Deutsche Bibliothek – CIP-Einheitsaufnahme

Gartung, Werner:
Yallah Tibesti: vom Tschadsee zu den Felsenmenschen/
Werner Gartung. – Braunschweig: Westermann, 1992
ISBN 3 - 07 - 50 9400 - 5
NE: HST

Druck und Bindung: westermann druck GmbH, Braunschweig
Karten: westermann, Braunschweig

ISBN 3 - 07 - 50 9400 - 5

Inhalt

Tschadsee: das Herz Afrikas 7
Ein Meer, auf dem die ersten Schiffe fuhren
Verbindung zum Nil? – Tschadsee-Erforschung
Es begann mit dem Tschadanthropus
Mosaik von Völkern und Kulturen
Sand und Natron in Kanem
Brotkorb oder Grab? – Zukunft des Tschadsees
Die Elefanten von Waza

Vom Chari durch den „Gazellenfluß“ 65
Faya: Perle des Nordens
Die lange Leere nach Zuar
Felsnadeln im Niemandsland

Ins „Bergland des Hungers“ 95
Felsbilderbuch der Geschichte
Bardai: Militärlager mit moderner Kunst
Die Gräber der Nazarah
Menschen der Steine
Weintrauben in der Basaltwüste

Bei Djimmy in der Wildnis 149
Aufs Kamel gekommen: zurück nach Faya

Informationen zum Tschad 173
Weiterführende Literatur 174
Karten 175

Tschadsee: das Herz Afrikas

Der Reiter bei Bol (Tschad) blickt auf einen See, der bis 1986 beträchtlich schrumpfte, und von hier nicht mehr zu sehen war. Dann fiel Regen, Bol wurde wieder zum Hafen.
Seite 6/7: Das „Einbaum-Taxi" bringt Fischer zum Markt nach N'Gigmi in Niger. Seerosen säumen den Weg.

Der See? Jacques lacht breit durch seine Zahnlücke, hebt die schwielige Hand: „Da vorn."
Natürlich, da vorn. Aber ist es noch weit?
„Nein, nicht mehr sehr weit."
Februar 1989: 7000 Kilometer mit dem Landrover durch Spanien, Marokko, Algerien und Niger liegen hinter mir, der ersehnte Tschadsee in Reichweite – und dann wieder Wüste. Milchiges, wie flüssiges Licht, tückische Dünen aus blassem, zerfließendem Sand; ein Araber der Uled Sliman mit seinen Kamelen: das Gebiet von Tal. Es beginnt gleich nördlich von N'Gigmi, einem Ort in der südöstlichen Ecke von Niger. Dort lebt der rundliche Führer Jacques mit seiner Familie und dirigiert Touristen über weglose Dünen weiter zur Grenze des Tschad.
N'Gigmi ist auf Karten aus den sechziger Jahren direkt am Nordwestufer des Tschadsees eingezeichnet, aber es gibt hier seit langem kein Ufer mehr. Halb von kleinen Dünen begraben, vergammeln nutzlose Holzboote. Dornensträucher halten sich nur noch mühsam am Leben. Wir schlingern seit zwei Stunden über eine Staubpiste durch

Seerosen haben bisweilen ein explosionsartiges Wachstum. Doch weil sich hier das Wasser auch schnell wieder verflüchtigt, sind ausgedehnte Blumenteppiche meist nur kurzlebige Zier.

sterbende Akazienwälder. Versteckte Hütten leuchten manchmal heraus, scheinen verlassen. Gruppen winziger Tauben fliegen kurz vor dem Landrover auf. Der See? Ich frage nicht mehr.

Bosso liegt fast 100 Kilometer südlich von N'Gigmi. Dort gibt es Bier und gepfefferte Fleischspieße, „brochettes", bei Madame Fatory. In ihrem Lehmhof stapelt sich das Leergut. Sie verkauft Class-Bier aus Nigeria für fünf Naira, weniger als eine Mark, die Flasche.

Nigeria beginnt in Sichtweite, hinter dem Grenzfluß Komadugu. Und der fließt in den Tschadsee. Es sei nicht mehr weit, versichert Jacques. Die Piste ist nun dunkelgrau, fast wie zementiert – knochentrockener, doch fruchtbarer Sedimentboden des Tschadsees. Wenn es Wasser gibt. In den dürren Ästen einer Akazie sitzen regungslos zwei Fischreiher wie dünne Fragezeichen. Die Piste wird feucht. Ein alter Mann humpelt uns mit Fischernetzen entgegen. Dann endet der Weg im Sumpf. Giftig grün dehnt sich vor uns raschelndes Schilf. Jemand stakt mühsam seinen Einbaum durch das Dickicht.

„Der Tschadsee“, sagt Jacques lakonisch.
Was enttäuschend beginnt, ist trotzdem eindrücklich und phänomenal. Hinter dem Schilf- und Papyrusgürtel beginnt offenes, silbrig glänzendes Wasser. Der See am Wüstenrand ist das Überbleibsel eines gewaltigen Binnenmeeres aus prähistorischer Zeit. Acht Zehntel seines Zuflusses (immerhin 50 Milliarden Kubikmeter pro Jahr bei normalen Niederschlägen) erhält der Tschadsee von dem südöstlich einmündenden Chari-Fluß (er vereinigt sich in der Hauptstadt N'Djamena mit dem Logone, dessen Quellen im äquatorialen Regenwald liegen). Doch obwohl eine Wassersäule von fast zwei Metern pro Jahr verdunstet, droht aufgrund unterirdischer Drainage keine Versalzung.
Schon oft wurde der „Lac Tchad“ totgesagt. Forscher-General Tilho empfand ihn schon zu Beginn des Jahrhunderts als „pestilenzialisches Gewässer in voller Verwesung“ – keine sehr schmeichelhafte Bezeichnung. Zuletzt schien 1985 (nach einer dreijährigen Sahel-Dürre) das Ende des Sees gekommen zu sein: Zwei Drittel bestanden nur noch aus Staub, die verbleibende Wasseroberfläche war auf 2700 Quadratkilometer geschrumpft. Aber ergiebige Regenfälle in den folgenden Jahren erweckten den „Kadaver“ wieder zu neuem Leben.
Je nach Regen- oder Trockenzeit schwankt seine Größe im Verlauf eines Normaljahres zwischen 10 000 und 25 000 Quadratkilometer; ein Alptraum für Kartographen. Die Unterschiede sind so beträchtlich, weil der Tschadsee überwiegend gerade nur einen Meter tief ist. Im Osten, einer überfluteten Dünenlandschaft, gibt es während der Trockenzeit nur Sand, wo sonst Enten schwimmen. Zur Regenzeit ragen dann die Dünen als Inseln aus dem Wasser.
Was die Natur an Kuriosem nicht liefert, bietet eine weltweit einmalige Grenzziehung: Zur Kolonialzeit aus dem Kontinent „gesägte“ Länderblöcke von Nigeria, Niger, Tschad und Kamerun treffen sich im See; sie zerteilen Sumpf und Wasser in vier politische Territorien.
Bis zum Beginn dieses Jahrhunderts tummelten sich noch große Elefantenherden an den grünen Ufern, prusteten Hunderte von Flußpferd-Familien genüßlich im Wasser. Die Elefanten sind (im Gegensatz zu denen im östlichen und südlichen Afrika) nicht des Elfenbeins wegen massakriert worden, sondern in ruhigere Regionen abgewandert – vor allem nach Nord-Kamerun.
Flußpferde oder „Hippos“ gibt es kaum noch. Radikal wurde den Krokodilen der Garaus gemacht; in den sechziger Jahren gab es sie noch reichlich. Europäische Aufkäufer der begehrten Häute sorgten für Vernichtung bis zum letzten Krokodil. Zuvor wurden die Echsen – mit dem Speer, unter Lebensgefahr – nur gelegentlich von den Buduma für den Fleischtopf erlegt.
Aber ein Vogelparadies ist der Tschadsee bis heute geblieben; wichtiges Winterquartier rund 100 verschiedener europäischer Vogel-

Theoretisch könnte man den Tschadsee zu Fuß durchqueren. Die mittlere Tiefe beträgt rund einen Meter. Wahrscheinlich hat dieser Händler am Westrand der „Ungeheuren Lache“ (so Heinrich Barth Mitte des letzten Jahrhunderts) schon einen längeren Weg hinter sich.

arten. Ornithologen von der Biologischen Station Münster zählten im Winter 1990/91 allein Zehntausende von Schafstelzen und Tausende von Reihern, Enten und Watvögeln. Die Wissenschaftler nehmen an, daß hier eine Viertelmillion Kampfläufer überwintert – ein knapp 30 Zentimeter großer Watvogel, der bei Scheinkämpfen seinen Federkragen wie ein Schild hochstellt. Er gehört zu den bedrohten Vogelarten. Wird der See weiter austrocknen, kann das sogar das Ende bedrohter in Deutschland heimischer Vögel bedeuten.

Arktische Strandläufer trifft man hier ebenso wie Kronenkraniche, Fischreiher oder Gevatter Storch. Zusätzlich die ständig hier lebende Vogelwelt: Griesgrämig wirkende Marabus mit kahlem Schädel stelzen über Uferbänke und suchen Krabben oder kleine Fische; es gibt die kaum kleineren Ibisse und Riesenschwärme von Enten; Blauracken und Bienenfresser setzen bunte Farbtupfer; an den Ufern nisten Webervögel und Schwalben. Adler und Milane lassen sich vom warmen Aufwind in kühlere Luftschichten hinauftragen. Auch Strauße hatten hier ihren Lebensraum – heute sind sie fast ausgerottet.

Es mangelt auch nicht an Fisch. Rund 100 000 Tonnen holen Fischer in guten Jah-

April 1985, Höhepunkt der großen Sahel-Dürre: 46 Grad im Schatten, der Himmel wie Blei. Mit ausgedörrter Kehle erreiche ich die Felsen von Hadjer el-Hamis. Sie ragen wie versteinerte Fabelwesen aus der brettflachen Ebene. Wo der Tschadsee noch drei Jahre zuvor begann, dehnt sich nun öde Weite mit knochentrockenem Staub.

ren aus dem See; der Fang wird überwiegend geräuchert und getrocknet. Während der Trockenzeit sind besonders die Dünen-Täler mit ihren Wasserresten ein wahrer Selbstbedienungsladen: Dort sammeln sich silbrige Massen vom sardinenkleinen Salinga über verschiedene Karpfenarten bis zum metergroßen Giganten, dem Capitaine.

Trotz mehr schlecht als recht funktionierender Entwicklungshilfe-Projekte, trotz Fischreichtums und erneuten Auflebens des schon oft totgesagten Patienten – das „Herz Afrikas" wird eines Tages – in Jahrzehnten, vielleicht erst in einem Jahrhundert – aufhören zu schlagen. Was schon vor 150 Jahren nur noch eine „ungeheure Lache" war, schrumpft im langfristigen Mittel: Das Ende eines uralten Binnenmeeres rückt unerbittlich und beständig näher.

Ein Meer, auf dem die ersten Schiffe fuhren

Wellen brechen sich schäumend am Strand. Drei große Boote aus kunstvoll zusammengebundenem Papyrus treiben mit dem beständig wehenden Nordostwind in unbekannte Ferne. Sie sind beladen mit getrocknetem Antilopenfleisch und gemahlenem Samen von Wildpflanzen. Wo das andere Ufer liegt, wissen die nackten Menschen in den Booten nicht. Aber sie haben keine Angst. Es gibt Fisch in Hülle und Fülle. Das Meer ist flach. Und es besteht aus Süßwasser.

Diese hypothetische Entdeckungsreise fand vor etwa 8000 Jahren statt, als der Tschadsee noch ein Binnenmeer war. Seine gewaltige Wassermasse erstreckte sich von den Mandara-Bergen im heutigen Nord-Kamerun bis vor die Tore des Tibesti-Gebirges in der Sahara – eine Nord-Süd-Ausdehnung von mehr als 1200 Kilometern Luftlinie. Wo heute die lebensfeindlichsten Sandwüstengebiete der Welt liegen – die Ténéré im Niger, der Erg von Djurab im Tschad – dehnte sich eine durchgehende Wasserfläche. Davon zeugen nicht nur versteinerte Fische, sondern auch Harpunen und Angelhaken aus der Jungsteinzeit.

Vor rund 15 000 Jahren hatte das Binnenmeer eine Größe von etwa einer Million Quadratkilometern; noch vor 7000 Jahren bedeckten seine seichten Wasser immerhin eine Fläche fast so groß wie Deutschland – 330 000 Quadratkilometer. Die Völkerschaften an den Ufern dieses „Paläo-Tschadsees" folgten siedelnd seinen Ufern, die sich ab 5000 Jahren vor unserer Zeit durch beginnende Austrocknung zusammenzogen. Es dauerte weitere 3000 Jahre, bis Menschen zusammenrückten, die zuvor durch das „Große Wasser" (so heißt noch immer der „Tsade" beim Volk der Buduma) getrennt waren. Das Meer wurde zum See.

Bei beginnender Austrocknung gab es zwei Seen – das heutige Tiefland von Bodélé, die „Niederlande" des Tschad, befindet sich nur 170 Meter über Normalnull, während der restliche Tschadsee 240 Meter hoch liegt. Nach den Gesetzen der Logik müßte also zunächst er ausgetrocknet gewesen sein – wenn ihn nicht direkte Zuflüsse des Chari-Flusses auffüllen würden. Zwischen den bei-

In N'Djamena bildet der Chari die natürliche Grenze nach Kamerun. Entsprechend rege ist der Bootsverkehr.

den Seen war Bahr el Ghazal, der „Gazellenfluß", lange die Verbindung, bis vom Süden heranströmende Wassermassen die Austrocknung des nördlichen Teils nicht mehr länger ausgleichen konnten. Noch vor 300 Jahren konnte man den „Gazellenfluß" mit Pirogen befahren; ein Fluß, der nach 500 Kilometern endgültig im Sand versickerte. Zuvor beeinflußten die Bewohner dieser Region – über die man heute so gut wie nichts weiß – wahrscheinlich ein mächtiges Kulturland: Ägypten.

Im heruntergekommenen, während des Bürgerkrieges (1979/1980) geplünderten Museum von N'Djamena (dem kleinen Kolonialgebäude des früheren Bürgermeisteramts) steht auch das halb zerfallene Exemplar eines Papyrus-Bootes. Unwillkürlich denkt man an den Titicacasee im fernen Peru, aber es stammt vom Tschadsee. Seine sumpfigen Ufer beginnen schon 200 Kilometer weiter nördlich. Es gibt noch eine Handvoll alter Männer vom Stamm der Buduma, die Papyrus-Boote bauen können. Werden sie überhaupt noch hergestellt? Das ist zu bezweifeln. Eine „Suchaktion" von mir mit dem Motorboot hatte 1988 keinen Erfolg.

Das Papyrus-Boot gilt als Ur-Typ, aus dem spätere Schiffe mit Planken und Spanten entwickelt wurden. Oft 40 Meter und länger, waren sie ein Teil der babylonisch-mesopotamischen Kultur und aller ägyptischen Dynastien. Schon in sumerische Tontafeln

Sonnenuntergang am Chari, nicht weit entfernt vom Tschadsee. Eine angenehme Brise vertreibt die Hitze. Die romantische Stimmung zerstören indes Moskitoschwärme.

wurden sie geritzt, und variationsreich schmückten sie ägyptische Grabkammern. Die größte Zahl von Abbildungen solcher Schiffe gibt es in Nubien.
Ihre Entstehungsgeschichte reicht noch weiter zurück. Henri Lhote fand 1956 unter seinen sensationellen Entdeckungen von Felszeichnungen und -gravuren im Tassili-Gebirge der zentralen Sahara (Südost-Algerien) auch Darstellungen, die Fischer bei der Flußpferdjagd zeigen – in Papyrusbooten. Untersuchungen ergaben, daß diese neolithischen Bilder zwischen dem 7. und 3. Jahrtausend v. Chr. entstanden – weit vor dem Beginn der ersten ägyptischen Dynastie (3000 v. Chr.). Dort gab es die gleichen Boote.
Lhote folgerte daraus zu Recht, daß die jungsteinzeitliche Jäger- und spätere Hirtenkultur Auswirkungen auf das Niltal hatte. Auch im Tibesti gab es ein frühes Kulturzentrum, dessen verfeinerte Töpferkunst („dotted wavy line") in den Vorderen Orient ausstrahlte. Das sind Erkenntnisse, die von den meisten Archäologen und Orientalisten widerwillig oder gar nicht akzeptiert wurden – brachten sie doch ihr „Weltbild" ins Wanken.
Sicherlich gab es am Tschadsee – ebenso wie im algerischen Tassili-n-Ajjer, dem seit fünf Jahrtausenden knochentrockenen „Hochland der Flüsse" – seit ebenso langer Zeit Papyrusboote. Wahrscheinlich sogar noch länger, da der Tschadsee schon früher ein Binnenmeer war. Von hier strahlten Einflüsse ins Niltal aus – vor allem auf dem Sektor des Bootsbaus.
Als der bekannte Forscher Thor Heyerdahl seine „RA I" zum weiteren Beweis frühen transozeanischen Kulturaustausches realisierte, bauten Buduma-Fischer am Tschadsee 1965 das Schiff aus Papyrus. „RA I" schaffte immerhin 5000 Kilometer, bevor sie in amerikanischen Gewässern versank. „RA II" war erfolgreicher. Zusammengefügt von Aymara-Indianern des Titicacasees, erreichte sie (ebenfalls von Safi in Marokko aus) sicher nach 57 Tagen den Hafen von Barbados in der Karibik.
Daß „RA I" zerbrach, lag weder an den Buduma noch an der Qualität des Papyrus: Heyerdahl vernachlässigte beim ersten Modell noch jene Takelung, die den fragilen Booten half, selbst stürmischer See zu trotzen. Schließlich gab es keine Baupläne, sondern nur grobe Zeichnungen.
Die jüngst und für immer verschwundenen Boote („Kadeye" genannt) der Buduma-Fischer des Tschadsees hatten natürlich kleinere Dimensionen. Doch Transport-Kadeyen konnten mehrere Tonnen Last transportieren. Der Schweizer Sahel-Kenner René Gardi bereiste 1951 den Tschadsee, als er noch von diesen Booten geprägt wurde:
„Begibt sich aber eine Familie auf die Wanderschaft, zügelt sie mit Sack und Pack auf eine andere Insel, oder zieht sie mit geflochtenen Matten, mit Brennholz oder Tierhäuten auf einen Marktplatz, so werden Kadeyen benutzt, die wohl weniger schnittig und schön aussehen, dagegen doch ein paar Tonnen zu tragen vermögen. Wir haben Flöße gesehen, auf denen einige Rinder und eine kleine Ziegenherde transportiert wurden."
Eine kleine Fischer-Kadeye konnte von zwei geübten Männern in einem Tag gebaut werden, doch die großen Boote erforderten weitaus mehr Arbeit und Material: „Nicht daß das Baumaterial mühsam zusammenge-

Die beiden Fischer leben wochenlang auf einer treibenden Papyrus-Insel. Wichtiger als Radioklänge ist das Moskitonetz.

sucht werden müßte, denn die Papyrussümpfe, wahre Wälder dieser herrlichen Pflanze, ziehen sich in alle Unendlichkeit hin. Ein einziges Floß aber erfordert etwa fünf bis sieben Tonnen Papyrus, das sind Tausende von Stengeln, die Stück für Stück abgeschnitten werden müssen. Ein paar Männer benötigen für den Bau einer Kadeye drei oder vier Wochen. Sie bündeln die Stengel, binden sie zusammen, verflechten und stoßen sie ineinander. Sie haben viele Meter Bindematerial zu rüsten und mit ihren Buschmessern die Stengel zurechtzuschneiden."

Ob es sich um Mini-Boote von knapp einem Meter Länge oder eindrucksvolle 10-Meter-Schiffe handelte – beide mit keck nach oben gezogenem Bug wie venezianische Gondeln – große Nachteile hatten sie gleichermaßen: Sie waren langsam (übliche Tagesleistung: zehn Kilometer). Und sie überdauerten kaum ein Jahr, weil sich das Papyrus mit Wasser vollsog und faulte. Abgelöst wurden sie von häßlichen Plankenbooten. Sie sind teuer, weil das Holz aus Zentralafrika kommt. Doch man kann einen Außenborder daran befestigen. Der Motor bleibt aber für viele ein lebenslanger Traum.

Was Jahrtausende überdauerte und noch

heute angepaßt wäre – schließlich mangelt es weder an Papyrus noch an Zeit – wurde „wegmodernisiert".

Verbindung zum Nil? Tschadsee-Erforschung

Die Geschichte der Erforschung Afrikas ist natürlich weit mehr als ein romantisch verbrämtes „Stanley-trifft-Livingstone" – und sie beginnt viel früher. Herodot, der griechische „Vater der Geschichtsschreibung", schrieb schon im 5. Jahrhundert v. Chr. über die Libyer und das Volk der Garamanten, von dem angeblich die heutigen Tuareg abstammen. Zu jener Zeit sollen schon fünf wagemutige Männer die Sahara durchquert haben und an „einen Fluß, der nach Osten fließt" gelangt sein – wahrscheinlich den Niger.

Die Provinz „Africa" galt als Kornkammer des Römischen Reiches, doch Neugierde und Entdeckerlust trieb Wagemutige tief ins Innere des Kontinents. Von den Mondbergen hatte man schon gehört, wo ein großer Fluß (der Nil) entspränge; eine ganze Legion versank auf ihrer Suche nach der Quelle in den Sümpfen des heutigen Süd-Sudan. Neros Befehl konnte nicht ausgeführt werden. Immer wenn etwas unmöglich schien, sagte man fortan: „Das heißt die Quellen des Nils suchen."

Ein sagenhaftes Binnenmeer, der heutige Tschadsee, erregte ebenfalls die Neugier der Besatzungsoffiziere – es ist anzunehmen, daß römische Kolonnen im 2. Jahrhundert v. Chr. hierher vordrangen. Man fand schließlich auch römische Münzen und Öllämpchen als Grabbeigabe der Tuareg-Königin Tin Hinan beim heutigen Tamanrasset in Südalgerien.

Schließlich gab es die „Bornu-Straße", einen uralten Handelsweg von Tripolis bis zum Tschadsee. Die heutige Sahara war in jener Zeit schon von der Feuchtsavanne zur Steppe ausgetrocknet. Noch fand man genügend Wasserstellen für die Pferde – vierspännige Streitwagen hatten bereits die Garamanten. Das Kamel wurde erst um die Zeitenwende aus Vorderasien eingeführt.

Arabische Geographen begannen mit systematischen Forschungen. Mitte des 14. Jahrhunderts gelangte Ibn Batuta (geboren in Tanger) bis nach Timbuktu und verbreitete erste Berichte sagenhaften Reichtums. 200 Jahre später vertiefte Leo Africanus, ein arabischer Forscher, 1495 in Granada geboren, die Informationen. Doch Europa, in finstere Wirren des Mittelalters verstrickt, war noch nicht reif für die Erforschung Afrikas. Wohl begannen sich zur Zeit Leos Portugiesen der westafrikanischen Küste entlangzutasten; das Innere Afrikas aber blieb bis zum letzten Jahrhundert ein weißer Fleck auf den Landkarten, belebt mit janusköpfigen, feuerspeienden Fabelwesen, großen Flüssen – und einem geheimnisvollen See in seiner Mitte, den man Kura nannte.

Erst Ende des 18. Jahrhunderts erwachte nordeuropäischer Forscherdrang. Die Unabhängigkeitserklärung der Vereinigten Staaten 1776 entzog dem englischen Handel viele Gewinne; daß zwölf Jahre später in London feierlich die „African Association" (für die Erforschung Innerafrikas) gegründet wurde, entsprang auch dem Wunsch, neues Wirtschafts-Terrain zu erschließen.

Die Forscher waren zunächst getrieben von

Neugierde oder auch Ruhmsucht; in jedem Fall bereit, das Äußerste zu wagen. Ihre Leidensfähigkeit, die Bereitschaft, jahrelang Strapazen in feindlicher Umwelt zu ertragen – ohne Medikamente, oft ohne Geld und Schutz – ist heute kaum vorstellbar. Beflügelt wurden sie von dem Bewußtsein, daß jeder Schritt ins Neuland führte.

So auch René Caillié, der 1828 Timbuktu erreichte und halbtot wieder nach Europa zurückkehrte. Er widerlegte das Bild einer Stadt mit goldenen Dächern. Genau das wollten die Herren der Geographischen Gesellschaft nicht hören. Man nahm Caillié seine ernüchternden Berichte nicht ab. Er starb bald darauf an Entkräftung und Verbitterung.

Vor allem interessierte man sich zunächst für die großen Fluß-Systeme: Kannte man ihren Verlauf, konnten sie als Handelswege für Innerafrika dienen. Aber wo entsprang der Nil, wohin floß der Niger? Gab es eine Verbindung vom Tschadsee zum Nil? Welchen Verlauf hatten die äquatorialen Ströme im „Herz der Finsternis“?

Nachdem der Schotte Mungo Park, erst fünfundzwanzigjährig, 1796 den Niger erkundete, kehrte er zehn Jahre später nochmals dorthin zurück, um ihn bis zur Mündung zu befahren – und ertrank. 1800 reiste im Auftrag der englischen Gesellschaft der Deutsche Friedrich Konrad Hornemann von Kairo und Tripolis auf der üblichen Bornu-Route über Bilma an den Tschadsee und Niger, wo er an der Ruhr starb. Hornemann sah als erster Europäer den Tschadsee, doch seine Aufzeichnungen wurden vernichtet.

„Offiziell“ entdeckten drei Engländer den See: Dr. Walter Oudney, Major Dixon Denham und Kapitän Hugh Clapperton. Am 4. Februar 1823 lag er im Sonnenlicht vor ihren Augen. „Mein Herz hüpfte bei diesem Anblick, denn er sah in diesem See das große Ziel unserer Suche“, schrieb Denham. Die Forscher nannten ihn „Waterloo-See“ – die denkwürdige Schlacht lag erst acht Jahre zurück. Oudney starb; seine Gefährten erforschten die Gegenden im Süden und Osten des Gewässers und waren als erste Europäer Gast des Sultans von Bornu. Sie fanden heraus, daß es keine Verbindung zum Nil und Niger gibt, über dessen Verlauf und Mündung erst 1831 Richard Lander London unterrichten sollte.

1850 verließ eine englisch-deutsche Expedition unter Leitung von James Richardson Tripolis. Ihm ging es vor allem um die Abschaffung des Sklavenhandels. Doch bevor sie den Tschadsee erreichten, erlag er den Strapazen. Nachdem ein Jahr später auch sein deutscher Begleiter Heinrich Overweg starb, zog der damals achtundzwanzigjährige zweite Deutsche der Expedition insgesamt fünf Jahre lang allein durch die Weiten zwischen Tschadsee und Timbuktu. Er sollte als einer der berühmtesten Forscher in die Geschichte eingehen: der Hamburger Heinrich Barth.

Die Expedition schleppte in ihre Einzelteile zerlegte Boote durch die Wüste, auf denen Overweg vor seinem Tod den See erkundete. Doch der hanseatisch kühle und disziplinierte Barth rügte, daß der Jüngere seine Notizen nur auf ungeordneten Zetteln machte: „Herr Overweg hatte großes Geschick, sich mit den Eingeborenen zu befassen... aber er verlor darüber fast alle Zeit für ernste wissenschaftliche Untersuchungen. Das ist besonders zu bedauern bei

seiner Beschiffung des Tschadsees, wo sein Tagebuch über die interessantesten physikalischen Verhältnisse nichts sagt."

Als Gast des Sultans Omar von Bornu schwang sich Barth am ersten Morgen gleich auf sein Pferd, um voller Erwartung dem See entgegenzureiten. Doch vor ihm dehnte sich nur eine endlos sumpfige Fläche mit hohen Gräsern, in denen er steckenzubleiben drohte. Nach der ersten Enttäuschung befaßt sich Barth näher mit dieser „ungeheuren Lache". „Der See änderte seine Ufer jeden Monat, deswegen ist es unmöglich, eine genaue Karte aufzunehmen." Barth bestätigte, daß Flüsse in den See münden, daß es aber keine Verbindung zum Meer gibt.

Als John Hanning Speke 1862 nach London „The Nile is settled" meldete, hatte er zusammen mit James August Grant entdeckt, daß der Nil dem Victoriasee entspringt. Zur gleichen Zeit durchzog ein unbekannter Abenteurer aus Bremen ganz Marokko: Gerhard Rohlfs.

1865 durchquerte er die Sahara über Kuka (das heutige Kukawa in Nigeria) am Tschadsee und gelangte zwei Jahre später nach Lagos – die erste Reise von der Mittelmeerküste zum Atlantischen Ozean. Rohlfs wandelte sich zum ernsthaften Forscher.

Nach einer Abessinien-Reise sollte Rohlfs 1868 auf Wunsch König Wilhelms I. von Preußen Geschenke für den Herrscher des Bornu-Reiches am Tschadsee, Sultan Omar überbringen – der hatte nicht nur Rohlfs, sondern zuvor auch Heinrich Barth freundlich aufgenommen. Doch Rohlfs fühlte sich nicht berufen, als „Kamel-Spediteur" Thronsessel, Harmonium, Pendeluhr und Ölbilder durch die Wüste zu transportieren.

In Tripolis gewann er den deutschen Arzt Gustav Nachtigal, der wegen eines Lungenleidens seit Jahren in Tunis lebte und mit Sprache wie arabischen Sitten bestens vertraut war, für diese Mission. Nachtigal willigte sogleich ein, schrieb aber später bescheiden: „Mir fehlte Erfahrung im Reisen, und ich beherrschte keines der naturwissenschaftlichen Fächer, ein Mangel, welcher die Ergebnisse meiner späteren langen und mühevollen Wanderung in ihrem Werte nur allzusehr beschränkt."

Das war absolute „Tiefstapelei". Der Geschenktransport diente Nachtigal nur als „Vehikel" zur Realisierung ehrgeiziger Ziele: dort zu forschen, wo andere bisher scheiterten oder sich nie hingewagt hatten. Zum Beispiel im Tibesti und im Sultanat Wadai (heute eine Provinz im Ost-Tschad). Er nutzte die Wartezeit auf eine Karawane in Murzuk (in Libyen) zu einem „Ausflug" ins Tibesti, der ihn fast das Leben gekostet hätte. Nachdem Nachtigal die Geschenke überbracht hatte, dachte er nicht daran, nach Tripolis zurückzukehren. Sechs Jahre lang durchwanderte der eher schmächtige Mann mit unvorstellbarer Energie Sahara und Sahel – vom Tschadsee aus wieder nach Norden, dann gen Süden nach Baguirmi und gen Osten ins fremdenfeindliche Wadai, wo alle Forscher vor ihm umgekommen waren – auch der junge Astronom Eduard Vogel, der Heinrich Barth suchte und nach kurzer Begegnung allein weiterreiste. Anschließend

An Festtagen (wie hier in Nord-Kamerun, bei Kusseri) werden wieder Traditionen vergangener Zeiten lebendig.

zog Nachtigal den Nil entlang bis nach Kairo. Seine kenntnisreichen, durchaus auch humorigen Beschreibungen machten ihn nicht nur zum zeitgenössischen „Bestseller-autor". Neben Barth gilt Nachtigal zu Recht als der bedeutendste Afrikaforscher.

Kurz vor Erreichen des Tschadsees traf der Forscher auf eine Herde Rinder und „schwelgte im Geiste in dem lange entbehrten und lebhaft ersehnten Genusse ihrer Milch und ihres Fleisches". Doch der See selbst war auch für ihn und seine Begleiter eine Enttäuschung: „Vor Jahren hatte ich in langweiligen Schulstunden oft träumerisch seine Konturen betrachtet, welche damals mit dem fabelhaften Mondgebirge allein das weite, weiße Inner-Afrika auf den geographischen Karten zierte. Jetzt hatte ich das Ziel meiner kindlichen Träume und meines späteren Strebens erreicht; doch die Wirklichkeit vermochte meine Erwartungen nur in geringem Maße zu befriedigen ... Flach und schmucklos, mit einförmigem Ufer und schilfigem Rand lag der vielgenannte See vor uns."

Beim Bornu-Herrscher in Kuka, am Westrand des Sees, angekommen, wurden Nachtigal und seine Begleiter von einem Teil der berittenen Armee, von Würdenträgern und Hofschranzen begrüßt. Ihn beeindruckten Reiter in schweren „Panzerungen" aus Watte, andere mit Metall-Maschenhemden und Helmen. Das flintenbewaffnete Fußvolk dagegen steckte in „engen Jacken und Beinkleidern europäischen Schnitts ... von nordischen Schneidern zweifelhafter Kunstfertigkeit".

Endlich kam die feierliche Übergabe der Geschenke an den gänzlich verschleierten Herrscher. Nachtigal konnte sich vorher nicht mehr vom einwandfreien Zustand der Mitbringsel überzeugen: „Das unförmige Gehäuse, welches den Glanzpunkt der ganzen Sendung, den Thronsessel, barg, wagte ich überhaupt nicht zu öffnen ... und war also der Befürchtung nicht überhoben, daß die Motten, welche in Fezzân während meiner Reise nach Tibesti eine vollständige Vernichtung meiner wollenen Kleidungsstücke angerichtet hatten, dieses wichtige Geschenk beschädigt haben möchten. In Verlegenheit setzte mich der Zustand des Harmoniums ... Dasselbe hatte durch den langen Transport und die trockene Wüstenluft so gelitten, daß man ihm nur ganz vereinzelte, heisere Töne zu entlocken vermochte ... Ein weiteres Bedenken bezog sich auf die lebensgroßen Bildnisse Sr. Majestät des Königs, Ihrer Majestät der Königin und Sr. Königlichen Hoheit des Kronprinzen, welche mit den Anschauungen des Islam einigermaßen in Widerspruch standen, und besonders eine Stutzuhr, deren Hauptzierde, eine wenig bekleidete allegorische Figur, unzweifelhaft in den Augen strenggläubiger Mohammedaner für eine sündhafte Darstellung gelten mußte.

Mit einer gewissen Aufregung folgte ich der Auspackung des Thronsessels und hatte die große Freude, ihn in seiner ganzen Pracht und Herrlichkeit seinem jahrelangen Gefängnisse entsteigen zu sehen. Seine vortreffliche Polsterung in Sitz und Lehne, der schöne Überzug aus rotem Sammet, die reichliche Vergoldung der kunstvoll geschwungenen Füße und Armlehnen des Sessels gewannen die vollste Bewunderung des Fürsten."

Auf das halbstumme Harmonium ging

Dämmerung in einem Dorf der Kanembu. Brennholz liegt bereit; das erste Feuer lodert. Gleich wird es Nacht.

Scheich Omar nicht weiter ein. Auch des Forschers Sorge um die Ölbildnisse wurde vom Hohen Herrn zerstreut – auf flachem Papier oder ebener Leinwand erzeugte Gemälde gehörten nicht in den Bereich der Sünde. „Damit war freilich der allegorischen Figur der Stutzuhr das Urteil gesprochen." Diese Panne wurde durch Zündnadelgewehre ausgeglichen – zudem gab es noch ein Teeservice, ein Fernrohr, seidene und samtene Stoffe und Flakons mit Duftwasser für den Harem des Herrschers.

Nachtigal hatte nun vor, „die Inselwelt der Budduma" und damit erstmals gründlich den ganzen See zu erkunden, aber verschiedene Ereignisse durchkreuzten diesen Plan. Es drangen Nachrichten über Unruhen aus Wadai und dem südlich gelegenen Königreich Baguirmi, dessen Herrscher Mohammedu im abhängigen Lehnsverhältnis zum Wadai-Herrscher Ali stand.

Furcht kam auch im geschwächten Bornu-Reich auf, dessen Fischervolk der Buduma immer aufsässiger wurde – ganz abgesehen von der Bedrohung durch Wadai. Als nun auch noch des Königs Statthalter Lamîno starb und der Tschadsee weit über seine Ufer getreten war, mußte Nachtigal seinen Plan aufgeben: „... ich dachte schon daran, da von Wadâi ebenfalls vorläufig nicht die Rede sein konnte, meine Schritte nach Südwesten zu richten und etwa durch Adamâwa (das Adamaua-Hochland in Zentralkamerun) der Westküste zuzustreben, als sich mir eine andere Perspektive eröffnete."

So zog der Forscher, anfänglich von neuen Fieberanfällen geschüttelt, mit Arabern der Uled Sliman über die Oase Mao in Kanem weiter in nordöstlicher Richtung – dem mittlerweile trockenen, doch noch waldreichen „Gazellenfluß" des Bahr el-Ghazal folgend. Trotz seiner bitteren Erfahrungen wollte er bis zum Süd-Tibesti vorstoßen. Immerhin kam Nachtigal bis in die Landschaft Borku, nicht weit von der heutigen Oase Faya-Largeau entfernt.

Er fand heraus, daß der Bahr el-Ghazal in einer abflußlosen Senke (dem Djurab) endet und 100 Meter tiefer als der Tschadsee liegt. Ihm wurde als erstem klar, daß es sich um ein riesiges Becken zwischen dem Tibesti und der noch vorhandenen „Pfütze" handelt – und daß er sich auf dem Boden eines urzeitlichen Binnenmeeres befand. Einige Entdeckungen konnten beweiskräftiger nicht sein: „Wir ... fanden die beschriebenen Einsenkungen, in denen die oberflächliche Sandschicht fehlte, besät mit Fischwirbeln, die, zuweilen noch aneinandergereiht, Tiere von ansehnlicher Größe verriethen. Es ist also unzweifelhaft, daß das Tal einst mit Wasser bedeckt war und zwar, wenn man den Traditionen der Umwohner Glauben schenken darf, noch vor verhältnismäßig kurzer Zeit."

Die wichtigsten Rätsel des Tschadsees waren damit gelöst.

Es begann mit dem Tschadanthropus

Ein aufsehenerregender Fund im Tschad trug dazu bei, die Anfänge der Menschheit zu erhellen, deren Wiege nach heutigen Kenntnissen in Ostafrika stand – im Omo-Gebiet von Süd-Äthiopien und dem südlich angrenzenden Turkanasee (Rudolfsee) in Kenia entwickelte sich aus dem Australopithecus vor etwa zwei Millionen Jahren Homo habilis – ein aufrecht gehender Jäger.

1961 entdeckte die Frau des französischen Wissenschaftlers Yves Coppens an der Felswand von Angamma Fragmente eines menschlichen Schädels und Knochenteile. Das ehemalige Nordufer des Tschadmeeres erhebt sich als verwitterte, rund 150 Kilometer lange Steilstufe aus den Sandmassen westlich der Oase Faya-Largeau.

Die Knochen wurden Tschadanthropus uxoris genannt – Letzteres abgeleitet vom lateinischen „uxor" für „Ehefrau", der dieser Fund zu verdanken war. Der Schädel war unvollständig und teilweise deformiert und blieb bis heute das einzige vor-neolithische menschliche Fossil in der gesamten Sahara. Es lag an einem ehemaligen Flußdelta des Ur-Tschadmeeres, das vor etwa 10 000 Jahren existierte. Allerdings befand es sich dort,

In Bol am Nordufer des Tschadsees feiern Kanembu das Ende des Fastenmonats Ramadan. Wandernde Geschichtenerzähler, Griots, spielen zum Tanz. Ihre bunt bestickten Kappen, auch die Trommeln, wurden von den westlich benachbarten Haussa übernommen. Zögernd bewegt sich die erste Frau aus dem Kreis der Sitzenden: Ballerina im Sand.

von Sandstein umhüllt, schon viel länger. Das Skelett muß von urzeitlichen Flüssen wie Misky oder Domar – heute staubige Trockentäler – aus dem Tibesti angeschwemmt worden sein.

Das war also kein Mensch, der vor „nur" 10 000 Jahren lebte. Coppens beschreibt den Schädel: „Er zeigt eine fliehende, aber große Stirn ... sehr große, horizontal ausgerichtete rechteckige Augenhöhlen, ein vertikal verkürztes Gesicht und eine markant hervorspringende Oberkieferpartie." Die archaischen Züge ließen zunächst an einen Austrolopithecus denken, das noch vormenschliche, nur Pflanzen essende Wesen. Andere Merkmale legten eine Zuordnung an den Homo habilis nahe. Die Form der Augenhöhlen und bestimmte Knochennähte stellten ihn schließlich in die Nähe des weiter entwickelten Homo erectus. Vorsichtig schätzt Coppens sein Alter auf „Hunderttausende von Jahren".

In etwa jener Zeit, vor einer dreiviertel Million Jahren, hatten sich in Afrika die sogenannten Archanthropinen verbreitet – noch immer klein, mit starken Augenwülsten und gewaltigen Unterkiefern, doch sprachbegabt. Sie hinterließen vom Atlantik über das Tibesti bis zum Roten Meer Faustkeile und Handäxte, zusammengefaßt als Pebble-Kultur. Die meisten Fachgelehrten sind deshalb der Meinung, daß afrikanische Hominide nicht nur die ersten Werkzeuge erfunden haben, sondern daß diese eventuell auch schon vor einer halben Million Jahre durch Auswanderung einzelner Urmenschen-Horden ins heutige Europa und nach Asien gebracht wurden.

Nicht nur im Tschad, auch im übrigen Afrika klafft eine riesige zeitliche Lücke zwischen bruchstückhaften Funden erster menschlicher Wesen und Zeugnissen aus dem Paläolithikum, der Altsteinzeit. Auch diese Funde sind rar – doch sie zeigen im Tschad, daß vor über 20 000 Jahren Menschen an den Ufern des einstigen Binnenmeeres lebten.

Erst vom saharischen Neolithikum, der Jungsteinzeit, ist uns mehr bekannt. Es war eine Epoche, in der Landwirtschaft und Viehzucht begann – in Europa rund 3000 Jahre vor unserer Zeitrechnung, in der heutigen Sahara 6000 v. Chr. Mahlsteine und Reibschalen für Getreide wurden quer durch den heutigen afrikanischen Wüstengürtel ebenso gefunden wie Pfeilspitzen, messerscharfe Faustkeile und Tonwaren. Die heute fast menschenleeren, lebensfeindlichen Gebirge des Hoggar und Tassili (in Süd-Algerien), Tibesti und Ennedi im Tschad waren teilweise dicht von Jägern und Hirten besiedelt. Sie hinterließen im Fels Gravuren und Zeichnungen ihrer Welt. Im Tal von Gonoa des Tibesti werden wir diesen Zeugnissen einer fruchtbaren Sahara noch begegnen.

Als die Sahara langsam austrocknete, entwickelte sich nicht weit vom heutigen Tschadsee 500 v. Chr. die schwarzafrikanische Nok-Kultur im Hochland von Jos (Nigeria). Sie existierte bis zum 2. Jahrhundert n. Chr. Man fand schöne Terrakotta-Figuren, meist nur zentimeterkleine Miniaturen. Sie stellen Menschen, Elefanten, Affen und Fabelwesen dar. Es gab schon Öfen aus Lehm zur Verhüttung von Laterit-Eisenerz, das keine hohe Schmelztemperatur hat, Fischernetze und eine Technik zum Spinnen der Baumwolle. Die Toten begrub man in riesigen Tonkrügen.

Kanem, das erste Königreich der mittleren Sudanzone, entstand am Nordufer des Tschadsees. Die genauen zeitlichen Ursprünge verlieren sich im Dunkeln; etwa im 9. Jahrhundert dehnte eine heidnische Dynastie ihre Macht auf die hier ansässigen Kanuri und weiter bis zum Tibesti aus. Diese, aus dem heutigen Ost-Tschad stammenden, Zaghaua sind ethnisch mit den Tubu verwandt. Während der Regierungszeit von Hume (1085–1097) wurde der Islam in Kanem eingeführt. Sein Sohn Dunama I. unternahm zwei Pilgerfahrten nach Mekka. Dennoch war Kanem ein animistisches Reich geblieben. Trotz der „Bekehrung" zu Moslems wurde ein gottgleicher Fetisch verehrt, das stets verhüllte Bildnis eines Widders. In ihm sollte der Geist aller Vorfahren wohnen. Der geplagte König war ebenso für Regen wie Sonnenschein verantwortlich und durfte nur flüssige Speisen zu sich nehmen – offiziell. Wenn heimlich Lebensmittel in den Palast gebracht wurden, tötete man nicht nur den Kamelführer, sondern auch Augenzeugen.

Alte Allianzen mit den Tubu des Tibesti wurden genutzt, um Handelsrouten bis zum Fezzân auszudehnen, dem heutigen Süd-Libyen. Unter Dunama II. gab es sogar dauerhafte Kontakte bis zum Mittelmeer und damit die Kontrolle eines der wichtigsten saharischen Handelswege. Dunama II. ließ 1257 mit einer Abordnung Sultan El Monastir eine lebende Giraffe nach Tunis schicken.

Der arabische Geschichtsschreiber Ibn Khaldoun berichtete 1394 in seiner „Geschichte der Berber" über das Ereignis: „Die Einwohner von Tunis empfanden tiefes Erstaunen beim Anblick eines Vierfüßlers, dessen seltsame Gestalt die Merkmale mehrerer Tiere gleichsam ins Gedächtnis rief." Es kam zum wirtschaftlichen Bündnis mit dem Hafsidenherrscher am Mittelmeer. Selbst in Kairo hatte Dunama II. Gesandte, während im Westen das Volk der Haussa und ihre Stadtstaaten unter Kontrolle gehalten wurden.

Zwei Jahre nach dem legendären Giraffen-Geschenk stürzte der gläubige Moslem Dunama darüber, daß er den Fetisch enthüllte. Seinem religiösen Bekehrungseifer konnten die Kanuri nichts abgewinnen. Es folgten Verbannungen, Revolten und Kriege. Damit war auch die Blütezeit des Reiches von Kanem beendet. Die verbliebenen Statthalter zogen an das Westufer des Tschadsees. Nach einem Jahrhundert der Wirren und Anarchie festigte sich dort das Reich von Bornu. Es besaß im 16. Jahrhundert wieder die gleiche Macht wie Kanem 300 Jahre zuvor, das seinerzeit für den mittleren Sudan ein ähnlicher wirtschaftlich-zivilisatorischer Brennpunkt war wie Ghana und das nachfolgende Mali im Westen.

König Idris Alaoma (1571–1603), Herrscher von Bornu, nahm mit einer Gesandtschaft an die türkischen Machthaber in Tripolis die alte Tradition seiner Vorfahren wieder auf. Türken sandten ihm Instrukteure und Gewehre. Zur Kontrolle der Karawanenroute besetzte er kurzerhand die Kauar-Oasen (im Osten der heutigen Republik Niger) und gewann dadurch auch die wichtigen Salzminen von Bilma. Um diese neue Herrschaft zu sichern, schickte er Kanuri-Siedler in die isolierten Oasen, wo sie bis heute in einer Enklave leben.

Im 17. und 18. Jahrhundert hatte das Reich noch eine kulturelle und religiöse Ausstrah-

lung, aber es verfiel wirtschaftlich. Die Haussa-Staaten bedrängten Bornu von Westen aus. 1809 vertrieb ein Heer der Fulbe (die noch heute zwischen Mali und Kamerun nomadisieren) den Herrscher Ali aus seiner Residenz. Der aus dem Fezzan herbeigerufene Kriegsführer Mohammed El-Kanemi konnte mit einem schnell zusammengestelltem Heer die Eindringlinge in die Flucht schlagen und Ali wieder einsetzen. Aber dessen Autorität war dahin.
El-Kanemi schuf sich seine eigene Residenz in Kuka und ernannte seinen eigenen Sohn Omar einige Jahre nach Alis Niederlage zum König. Die alte Dynastie von Bornu hatte damit endgültig ausgespielt. Der Sohn war jener Omar, der die deutschen Forscher so gastfreundlich empfing und Geschenke des deutschen Königs durch Gustav Nachtigal erhielt.
Anhänger der gestürzten Dynastie paktierten mit dem Königreich Wadai – die Präfektur im Osten des Tschad trägt heute noch den gleichen Namen. Doch die Macht in Bornu wie auch in Wadai verfiel. Bevor europäische Eroberung und das Verbot des Sklavenhandels die Agonie dieser Reiche beendeten, betrat ein arabischer Totengräber aus dem Sudan die Bühne: Rabah.
Dieser ehemalige Gouverneur der Provinz

Je aufgeblasener die Backen, um so besser der Klang – darin gleichen sich so unterschiedliche Instrumente wie der Dudelsack und die Algeita-Flöte des Tschadsees. Auch ihre Töne erinnern an das schottische Nationalinstrument. Mit der Algeita beschworen schon im Mittelalter die Musikanten Macht und Weisheit des Herrschers von Bornu. Auch heute fehlt sie bei keinem Fest.

Bahr el-Ghazal (im Südwesten der heutigen Republik Sudan) formierte ein Heer von mehreren tausend Mann, viele von ihnen schon mit Repetiergewehren bewaffnet. Unter dem Banner des Propheten zog die Truppe mordend und plündernd durch Zentralafrika und verwüstete 1886 das Land der Sara im heutigen Süden des Tschads. Anschließend griff Rabah das geschwächte Bornu an, tötete den König und rief sich selbst als „Mai" (König) von Bornu aus.
Ohne daß Rabah es wußte, beschloß Europa auf der Berliner Konferenz 1885 die Aufteilung Afrikas. Der Wettlauf um das Gebiet des heutigen Süd-Tschad wurde bald von Frankreich entschieden; England war noch stark im Sudan engagiert, während Deutschland in Togo und Kamerun Besitzansprüche anmeldete – mit feierlichem Flaggenhissen durch den ersten Erforscher des Tibesti, Gustav Nachtigal.
Französische Spähtrupps wurden von Rabahs Soldaten massakriert. Die Zerschlagung seiner Macht war nun das erste Ziel Frankreichs in diesem Gebiet. Der französische Marineoffizier Emile Gentil (nach ihm wurde Port Gentil im heutigen Gabun benannt) reiste 1898 zunächst nach Zentralafrika. Von dort ließ er einen in seine Einzelteile zerlegten Dampfer mit Hunderten von Trägern durch den Regenwald vom Ubangi-Fluß zum Chari transportieren, der in das Tschadbecken fließt. Gentil fuhr den Chari aufwärts, erkundete den Tschadsee und kehrte mit genauen Vorstellungen über Größe und Standort von Rabahs Truppen zurück.
Nun handelten die Franzosen. Aus Frankreich rückte eine Kolonne unter Foureau und Lamy an (die Hauptstadt des Tschad hieß bis 1973 Fort Lamy). Aus Nigeria kam eine zweite Truppe; die dritte aus dem Süden unter Gentil. Sie besiegten ihn im April des Jahres 1900 in Kusseri Rabah unter großen Verlusten; auch Lamy fiel im Kampf.
Eine „neue Ordnung" beginnt in diesem Teil der Welt – jene des Kolonialismus. Schon im September 1900 wird das „Militärterritorium der Länder und Protektorate des Tschad" geschaffen. Es kommt noch häufig zu Grenzverschiebungen. Erst nach 1913 herrscht Frankreich auch in Faya und Abéché, Hauptstadt von Wadai (heute Provinz im Ost-Tschad). Das letzte Königreich der Region ist damit ausgelöscht. Doch die Tubu des Tibesti – und nur sie – konnten aufgrund der Isolation ihrer Felszitadelle, ihrer Flexibilität und Zähigkeit auch die Kolonialzeit fast unbehelligt überstehen.

Mosaik von Völkern und Kulturen

Die Sonne steht fast im Zenit. Es ist feuchtwarm. Schweiß perlt auf meiner Stirn. In der Tschadsee-Luft liegt Fruchtbarkeit und gleichzeitig modrige Verwesung, vermischt mit dem Geruch eines Holzkohlefeuers, der von irgendwo herüberweht.
Das nächste Dorf kann nicht weit sein. Vom See her nähern sich zwei Händler auf dem Weg zum nächsten Markt, volle Schüsseln mit Trockenfisch auf dem Kopf balancierend.

Der Salzhändler aus Bol ist ein Kanembu. Sein Geschäft wird zunehmend durch Zollbestimmungen der Anrainerstaaten des Tschadsees erschwert.

Sie waten kaum knietief im Wasser, das ihre Silhouetten reflektiert wie ein Spiegel.
Zahlreiche Boote sind schon angekommen und wieder lautlos abgefahren. Endlich ist Jacques mit dem Preis einverstanden. Der Besitzer stakt seinen groben Bretterkahn elegant mit der Grandezza eines venezianischen Gondoliere. Sein hellblaues, wallendes Gewand und die Kappe haben die gleiche Farbe wie der Himmel über dem See. Die senkrechten Schmucknarben über der Nasenwurzel und an den Wangen weisen den Mann als Kanuri aus – das dominierende Volk am Westufer. Wir gleiten fast lautlos durch wucherndes Grün, raschelnde Binsen und Teppiche mit weißblütigen Wasserhyazinthen.
Nach einer halben Stunde ragt der Rücken einer überfluteten Düne aus dem Wasser. Frauen waschen sich, ihre Babies, Wäsche und Schüsseln. Ihre bunt gemusterten Wickelröcke leuchten in der Sonne. Auf dem Hinterteil einer Matrone prangt das Konterfei des nigerianischen Präsidenten Babangida. Diese grenzüberschreitenden Stoffe mit afrikanischen Politikern sind beliebt – und kommen aus Europa.
Der unberechenbare See erlaubt hier keine feste Architektur: Das Fischerdorf besteht ganz aus Schilfmatten. An Stöcken befestigtes sandgelbes Geflecht bildet Gassen und Straßen, trennt einzelne Wohnplätze voneinander und stellt schließlich Baumaterial für die Hütten. Steigt der „Tsade" an, können die Bewohner mit den Matten das Weite und Trockene suchen. Das entspricht der Flexibilität und Kürzlebigkeit eines Nomadenlagers. Man zieht oft aus und um: dorthin, wo das offene Wasser beginnt. Während diese Düne in guten Jahren überflutet ist, liegt sie nach langer Trockenheit in wüstenhafter Umgebung. Oft zwei Kilometer lang, verlaufen die Gebilde in nordöstlich- südwestlicher Richtung, geprägt durch den Wind.
Diese mobilen Dörfer am jeweiligen Ufer sind auch von Haussa bewohnt, dem dominierenden Volk im Norden Nigerias. Haussa leben ebenfalls im Südteil von Niger, überwiegend als Händler und Bauern. Auch die meisten Kanuri sind keine Fischer, sondern Kleinbauern. Ihre kleinen Dörfer liegen auf alten Dünen; die schönen Schilfhütten wirken wie halbierte Zwiebeln. Während der Regenzeit im Juli wird vor allem Hirse gesät und Ende September geerntet.
Ihre ethnischen Verwandten – die Kanembu – wohnen am tschadischen Teil des Sees in der Provinz Kanem, Teil des historischen Königreichs Kanem. Hier leben ungefähr 30 000 Kanembu und Kanuri. Etwa ebenso viele Menschen gehören zum altafrikanischen Volk der Buduma: die alteingesessenen Bewohner des Tschadsees mit halb amphibischer Lebensweise.
Buduma bedeutet „Menschen der Gräser". Obwohl sie diesen Namen angenommen haben, nennen sie sich selbst Yétena. Buduma fischen von schwimmenden oder festen Inseln aus fast im ganzen Bereich des Sees, sind aber hauptsächlich im Tschad heimisch. Besonders ihre gerade bewohnten Inseln gleichen Nomadenlagern. Auf „vorgeschobenen Posten" fischt ein Teil der Män-

Kanembu-Frau aus dem Natronort Liwa. Die kunstvolle Frisur mit unzähligen, dünnen Zöpfchen erfordert tagelange Arbeit.

Kein Mädchen, sondern ein Jüngling der Fulbe mit modischen Ambitionen. Fotografiert auf dem Markt von N'Gigmi, Niger.

ner, Frauen kultivieren im Uferbereich Hirse und Bohnen; andere Mitglieder der Familie nomadisieren mit ihren Rindern.
Ein Teil ihrer Herden besteht aus ganz besonderen Rindern – wenngleich sie durch schwindenden Lebensraum fast ausgestorben sind: die Kuri-Rinder gibt es nur bei den Buduma. Sie gehören einer sehr weit zurückliegenden Epoche an. Ihre Hörner sind kurz und dick – ungefähr 20 Zentimeter im Durchmesser. Sie gleichen Bojen und erfüllen tatsächlich die gleiche Funktion. Wechselt ein Buduma-„Hirtenfischer" von einer Insel zur anderen, schwimmt die ganze Herde mit. Die luftgefüllten Hörner helfen den Rindern, den Kopf immer über Wasser zu halten. Ist es nicht zu weit, paddelt der Besitzer auf einem Floß aus dem leichten Ambadsch-Holz voran. Auch Buduma-Frauen benutzen das Holz als Schwimmhilfe zu Marktbesuchen.
An Fisch-Girlanden und Gestellen mit Räucherfisch vorbei waten wir über die Düne. Der Sand ist weich, und der Dorflehrer kommt mit seinem Moped nur schlingernd und durch Schieben zweier Jungen voran. Der japanische Feuerstuhl erfüllt hier vor allem die Funktion eines Statussymbols. Jacques ist um seine makellose Bügelfalte besorgt, während wir in einen Kahn mit Außenborder umsteigen – hier am Ostrand der Insel leben Buduma. Nach dem Prinzip einer Genossenschaft haben sich mehrere Familien zusammen das teure Fortbewegungsmittel angeschafft.
Endlich liegt brauntrübes, offenes Wasser vor uns. Schwarze Wasservögel flattern ruckartig davon. Papyrus treibt vorbei. Der See scheint hier wieder zum einstigen Meer geworden. Nach einer Stunde nähern wir uns einer Insel von vielleicht hundert Metern Länge – das schwimmende Gebilde besteht aus Papyrus-Dickicht. Kirta nennen sie es. Zwei Buduma leben hier seit einigen Wochen. Abends holen sie den Fang aus den Netzen, ansonsten wird gewartet, Tee gekocht, Radio gehört, falls die Batterien noch etwas hergeben. Alle paar Tage holt das Motorboot Fische ab, die sie hier trocknen und in große Körbe verpacken.
Wie die Fischer schützen wir uns mit Moskitonetzen vor den gefährlichen Blutsaugern, die uns sofort nach der schnell einfallenden Dunkelheit attackieren. Alte Mythen werden erzählt. So wie der von der Geisterschlange. Wenn es Sturm gibt, sieht man, wie sie sich ringelt. Im Sommer säuft sie so lange, bis der See kleiner wird. Und es gibt die heilige Schale auf einer geheimen Insel. Bei schweren Krankheiten genügt es, sie zu berühren, und der böse Zauber weicht vom Kranken. Was ist ihr Leben? Nichts Abgegrenztes. Teil der Natur. Auch der Baum ist nur ein Stück Leben, oder das Flußpferd. Vieleicht steckt ein Mensch darin – glauben die Buduma.
Ihr Leben hat sich längst geändert. Nicht nur, daß die Zeiten der Dürre sich häufen und es weniger Wasser gibt. Pumpen großer Bewässerungsprojekte in Nigeria saugen zusätzlich das kostbare Wasser ab. Staatliche Grenzen zerschneiden sinnlos den See. „Da taucht plötzlich eine bewaffnete Patrouille auf – Nigerianer. Wir sind jetzt in Nigeria, sagen

Der zusätzliche Schmuck der Daza-Frauen (wie hier in Mao) ist bei ihren Schwestern im Tibesti kaum noch beliebt: der Nasenring.

sie. Also müssen wir die Fische verzollen. Was wir geben müssen, stecken sie sich in ihre eigenen Taschen. Es sind Räuber in Uniform." Anfang der achtziger Jahre hat es sogar Tote gegeben.

Ein sprachlich mit den Buduma verwandtes Volk sind die Kuri. Nur etwa 12 000 Menschen, leben sie am Südostteil des Sees. Ihre Legenden besagen, daß sie aus dem Yemen kommen. Das behaupten auch die ungefähr 35 000 Kotoko von sich – Flußfischer des Chari, der in den See mündet. Sie sind die Erfinder von „genähten Booten" – aus Holzstücken zusammengefügt wie mit einer überdimensionalen Nähnadel, weil das Holz im Sahel knapp ist. Diese Boote mit ihren aufgestellten beiden Netzen wie Schmetterlingsflügel gibt es ebenso wie die Papyrus-Boote der Buduma nicht mehr.

Die überlieferten Sagen sind dagegen noch lebendig. Es soll ein Volk der Riesen existiert haben, das aus dem Orient kam – die Sao. Es waren die Schöpfer der erwähnten großen Tongefäße. Einige dieser Muster von Töpfen aus der Jungsteinzeit existieren fast unverändert bei den Kotoko. Die meisten Angehörigen dieses Volkes sind zwar stattlich, aber keine Riesen. Am flackernden Feuer vor ihren Lehmhäusern erzählen die Alten noch heute den atemlos lauschenden Kindern über ihre Vorfahren:

„Die Sao konnten mit einer Hand den Lauf eines Flusses sperren. Ihre Stimmen waren so mächtig, daß sie sich rufend von einer Stadt zur anderen verständigten. Einen erlegten Elefanten trugen sie mit Leichtigkeit auf der Schulter nach Hause."

Aus der brettflachen Ebene südlich des Tschadsees erheben sich beim Dorf Karal die bizarren Felsen von Hadjer-el-Hamis. Wie Rücken gestrandeter Wale ragt verwitterter Granit 70 Meter über die Ebene. Weit und breit gibt es sonst nicht die kleinste Erhebung. Auch dafür haben die Kotoko eine Erklärung: Es sind fünf Steine, die einer der Sao-Jäger verärgert flüchtenden Elefanten nachwarf. Eine andere Legende will wissen, daß dort Noah mit seiner Arche landete – und natürlich hatte er Sao an Bord.

Der Tschadsee als „Wasser-Magnet" Dreh- und Angelpunkt wichtiger Karawanenrouten, ist seit langem die Heimat ganz unterschiedlicher, eingewanderter Völker. Heinrich Barth hat schon 1851 bis heute gültige Zusammenhänge erkannt:

„Die arabische Bevölkerung ist ganz entschieden von Osten her eingewandert (etwa 1600) und zwar aus Kordofan und Nubien ... und sich so endlich auch über dieses Land verbreitet, ohne weiter nach Westen vorzudringen. So also sehen wir hier zwei ganz verschiedene, rinderzüchtende Völkerschaften zusammenstoßen: die Fulbe vom fernen Westen, die Araber vom fernsten Osten; beide traten, bei ähnlichen Sitten, obgleich von ganz verschiedenem Ursprung und verschiedener Sprache, in freundschaftliche Berührung miteinander."

Es ist faszinierend: Auf dem Markt von

Schon im Morgengrauen beginnt die Arbeit in den Natrongruben von Liwa. Um acht Uhr ist es im Mai schon sehr heiß, ab elf unerträglich. Die Temperaturen in den übelriechenden Löchern klettern dann in der Mittagszeit auf 50 Grad im Schatten. Viele der Tagelöhner verrichten ihre Arbeit noch in sklavenähnlicher Abhängigkeit.

N'Gigmi (Niger), an der Nordwestecke des Tschadsees, sah ich fast alle Völker der Region. Da saßen füllige Buduma-Frauen vor ihrem geräucherten und getrockneten Fisch; Kanembu und Kanuri mit ihren typischen Schmucknarben boten Gewürze und Gemüse an; die allgegenwärtigen Haussa mit ihren schönen bestickten Kappen verkauften fast alles von Getreide bis zu Steichhölzern und gebrauchten Fahrradspeichen; einige Fulbe aus dem „fernen Westen" präsentierten sich eitel in phantasievollen Hüten mit angenähten Spiegelscherben und bunten Bändern; hagere Tubu-Daza saßen regungslos vor abgezählten Datteln. Ihnen sollte ich noch auf dem Weg ins Tibesti begegnen.
Auf dem Heimweg ritten bei Sonnenuntergang auch Araberfrauen der Shoa nach Hause – auf Ochsen. Keine Frau einer anderen Ethnie außer den Tubu-Frauen, die Kamele reiten, würde weder einen solchen Koloß noch ein Kamel als Reittier benutzen. Sie müssen sich mit Eseln begnügen. Die meisten gehen ohnehin über weite Distanzen zu Fuß.
Die Shoa-Frauen hatten feine, glänzende Zöpfchen wie perlendes Wasser. Sie ritten auf ihren sich wiegenden Rindern in die untergehende Sonne. Wie seit Jahrtausenden.

Sand und Natron in Kanem

Trotz Allrad und teilweise eingelegter Untersetzung, dem Kriechgang, mahlt sich mein schwerbeladener Landrover mühsam die Dünen hinauf und hinunter. „Die Piste" von Niger zum Tschad gibt es hier gar nicht. Manchmal leuchtet der helle Sand unberührt, dann wieder zerpflügen tiefe Lkw-Spuren die Gegend wie einen Acker.
Nach knapp 100 Kilometern tauchen vor uns flache Gebäude auf, ein Schlagbaum: die Grenze. Diese vorgeschobenen, verlorenen Posten staatlicher Macht wirken hier wie die Dekoration für ein absurdes Theater. Jacques lamentiert über seine verstaubte Hose, deren Bügelfalte ihre Messerschärfe eingebüßt hat; die Militärs in grünem Drillich bewundern den Landrover und vergessen jede Kontrolle. Anscheinend kommt hier selten ein Fremder vorbei. Ich lasse Jacques zurück. Die Piste sei nun klar zu erkennen, versichert er. Sandiges Niemandsland, wieder eine Barriere; der Tschad. Wie als Beweis langer Kriegsjahre und anhaltender Probleme empfangen mich die Grenzbewacher mißtrauisch, mit Schnellfeuergewehren bewaffnet. Das ganze Fahrzeug muß ausgeräumt werden. Die endlose „Zolldurchsicht" ist eher ein spannender Zeitvertreib für die gelangweilten Soldaten.
„Ich muß nach Bol und fahre mit." Das ist keine Bitte, sondern ein Befehl. Doch der hagere Soldat mit Afro-Frisur und lässig umgehängter Kalaschnikow blickt freundlich. Außerdem kennt er die Route nach Bol, dem Sitz des Präfekten von Kanem. Bis dahin sind es noch 200 mühsame Kilometer. Und erst in Bol werden die Einreiseformalitäten erledigt.
Die Gegend ähnelt einer riesigen Streusandbüchse. Oft muß ich zurückfahren, um in Serpentinen einen besseren Weg über lockere Sandhügel zu finden. Zwischen den Dünen gibt es ebene, wie mit dunkelgrauem Beton ausgegossene Flächen, aber sie bestehen aus feinem Staub, der durch alle Ritzen dringt

Natronplatten am Rand des winzigen, oft versandeten Hafens Baga Sola, Tschad. Das feste „Steinsalz" stammt aus alten geologischen Formationen. Es gilt als gehaltvoll und ist bei den Viehzüchtern bis nach Nigeria und Kamerun beliebt.

und sich vor uns als Windhose wie dunkler Rauch in den Himmel schraubt. Hier wachsen Büsche und dickblättrige, giftige Wolfsmilchgewächse. Dieser dunkle Sedimentboden ist fruchtbar – wenn es Wasser gibt.

Hütten der Kanembu stehen wie Scherenschnitte vor dem hellen Himmel auf einer Düne. Das Dorf heißt Maggi. Magere Ziegen hasten davon. Der Horizont verschmilzt mit dem hitzegrauen Himmel. Rechts von uns verdichten sich stopplig-gelbe Grasbüschel und künden vom See. Obwohl das derzeitige Nordufer nur ungefähr 40 Kilometer von uns entfernt ist, scheint das „große Wasser" unendlich weit entfernt zu sein.

Zwei Paare zierlicher Gazellen wittern nicht weit von uns gegen den Wind. Mein Begleiter, dessen Kopf schon ein paarmal vor Müdigkeit ruckartig nach vorn sackte, wird sofort hellwach und greift nach seinem Gewehr. Ich hoffe, daß er nicht auf Dauerfeuer gestellt hat und daneben zielt. Ein Pärchen der Dorkas-Gazellen steht noch immer regungslos. Sie flüchten in gewaltigen Sätzen, als der Schuß die Stille zerreißt und das Projektil nur knapp hinter ihnen im Sand einschlägt. Ich kann meine Freude darüber kaum unterdrücken – verstehe aber die Enttäuschung des hungrigen Soldaten. Mein Angebot, Nudeln und Rindsrouladen aus der Dose gemeinsam zu essen, ist ihm nur ein schwacher Trost.

Kurz bevor die Sonne wie ein großer Fettfleck im Dunst versinkt, erreichen wir den Ort Liwa. Kurz vor der Militärstation auf einem Hügel sinkt das Fahrzeug bis zu den Achsen ein. Ich bin zu müde, um es noch heute mit Hilfe von Schaufel und Sandblechen wieder flottzubekommen.

Neugierde auf die Natronlöcher von Liwa läßt mich schon beim ersten Tageslicht erwachen, das durch die Fenster des Landrovers dringt. Normalerweise klappe ich das Dach auf; eine Zeltplane faltet sich zu voller Stehhöhe aus. Selbst dazu war ich gestern abend zu erschöpft. Nach einem belebenden Kaffee und Resten harten Weißbrots mit algerischer Aprikosenmarmelade schaufle ich den mehlfeinen Sand zur Seite, lege die „Luftlandebleche" vor die Reifen und ziehe so das Fahrzeug aus dem sandigen Sumpf. Mehrmals sinkt es gleich wieder ein.

Nicht weit entfernt erstrecken sich graue Senken, deren Krater einer verwüsteten, bombardierten Landschaft gleichen. Beim Näherkommen sehe ich Arbeiter in zwei bis

Endlich komme ich mit meinem Landrover nach der Umrundung des Tschadsees an eine Straße. Doch die Gabe italienischer Entwicklungshilfe besteht nur aus Lehm. Weil es weit und breit keinen einzigen Stein, geschweige denn Schotter zur Stabilisierung gibt, zerfällt der Verkehrsweg in Richtung Hauptstadt zu Staub. Er dringt durch alle Ritzen, nimmt Sicht und Atem.

CALABRESE

drei Meter tiefen Löchern, die mit Stangen aus übelriechender, ätzender Lauge Natron brechen. Die getrockneten Stücke in der Größe von Tennisbällen werden in 60-Kilo-Säcke verpackt und mit kleinen Karawanen zum „Hafen" von Baga-Sola gebracht, sofern der See gerade bis hierher reicht.
Das Produkt ist ganz gewöhnliches Soda; Natriumkarbonat ($NaCO^3$): also kein Gewürzsalz wie das aus Bilma in Niger. Man benutzt es als Allheilmittel gegen Kopfschmerzen, Bauchweh und müde Füße. Vor allem aber gelangt es wie seit Jahrhunderten bis nach Nigeria, Kamerun und den Süd-Tschad. Die Viehzüchter brauchen den Mineralzusatz für ihre Tiere.
Auch Natronplatten von 40 mal 80 Zentimetern werden geschlagen. In diesen Senken, Dayas genannt, lösen sich in der Regenzeit Natronschichten aus frühen geologischen Zeiten und bilden in den heißen Monaten eine dicke Kruste. Noch heute wird die mühsame Arbeit in sengender Hitze von der untersten Kaste, den Haddad, verrichtet. Sie stehen zu ihren Herren, „Unternehmern" der Kanembu, in sklavenähnlicher Abhängigkeit.
Weiter nach Bol. Schlingerndes Vorwärtsmahlen durch eine tote Landschaft mit abgestorbenen Bäumen und fingerlangen, tückischen Dornen im Sand. Plötzlich taucht als Fata Morgana eine überbreite Asphaltstraße vor uns auf. Das vermeintliche Trugbild ist eine Piste. Der „Asphalt" besteht aus gestampftem Lehm, der teilweise wieder zu Staub zerfallen ist. Es gibt keinen einzigen Stein in der ganzen Gegend, und deshalb auch keinen Schotter zur Stabilisierung dieser Gabe italienischer Entwicklungshilfe.
Der Motor beginnt zu stottern. Aber die Piste – angelegt zur besseren wirtschaftlichen Verbindung zwischen Landwirtschaftsprojekten, die nie richtig funktionierten – führt in eine belebte Welt. Palmen wachsen im Sand, frisches Grün und sorgfältig angelegte Felder leuchten aus einem der Dünentäler, die sonst nur grau sind. Erste sumpfige Wasserarme tauchen auf. Zwei Esel necken sich, und kurz vor Bol reitet ein Kanembu in wallendem weißen Gewand auf einem weißen Pferd. Dahinter blinkt silbrig das Wasser des Tschadsees.

Die Oase mit dem chinesischen Namen Mao liegt in sanfter, doch tückisch weicher Sandhügel-Landschaft 120 Kilometer nordöstlich von Bol am Tschadsee (Provinz Kanem). Mao spielte schon im Reich von Kanem-Bornu eine wichtige Rolle. Der Boden des großen Palmenhains ist fruchtbar.

Brotkorb oder Grab? – Zukunft des Tschadsees

Bol: das Dorf in den Dünen, der Hafen am Wasser des Tschadsees, der Ort mit Straßen aus tiefem Sand. Die wuchtigen Lehmgebäude für den Präfekten, von Polizei und Zoll stammen noch aus der französischen Kolonialzeit. Man könnte sich ganz nostalgischen Träumereien überlassen, im Schatten eines Baumes Kanuri-Frauen auf dem Weg vom Markt zusehen, etwas Kühles trinken und versuchen, ein Boot zu mieten. Doch hier in Bol sind die Zoll- und Einreiseformalitäten zu erledigen, zwei Tagesfahrten hinter der Grenze. Wer meint, die Stempel von dort

seien ausreichend, riskiert in der Hauptstadt große Probleme.
So sind wieder Formulare in dunklen Amtsstuben auszufüllen und Paßbilder abzugeben, die wahrscheinlich irgendwo verschwinden und nie mehr ans Tageslicht kommen werden. Eine Unterschrift gibt es erst morgen, weil der Präfekt heute nicht mehr kommt. Als endlich die Zollkontrolle beendet ist, dämmert es schon. Bürokratie, vor der Kolonialzeit eine unbekannte Errungenschaft, wurde in den meisten afrikanischen Ländern ins Absurde gesteigert und hat meist nur den Zweck, sich selbst zu verwalten.
Daß nun Fischerboote direkt in Bol anlegen können, war nicht immer so. Während der letzten Dürre von 1982 bis 1985 lag der Ort zwischen 30 und 40 Kilometer weit vom offenen Wasser entfernt. Auch die Polder wurden Opfer der langen Trockenheit. Es waren Anpflanzungen in eingedeichten, teilweise überschwemmten See-Armen, gefüllt mit fruchtbaren Sedimenten, bebaut mit Getreide, Kartoffeln und Gemüse. Angelegt durch französische Administratoren schon zu Beginn dieses Jahrhunderts, entstanden bis 1950 ungefähr 30 Polder, wurden 4000 Hektar am Wüstenrand in grüne Felder verwandelt, die zeitweise drei Ernten von Weizen, Hirse und Mais im Jahr erlaubten.

Die stattlichen Zebu-Rinder mit weit geschwungenen Hörnern finden allein ihren Weg in der Abenddämmerung beim See von Léré, nahe der kamerunischen Grenze. Das Tschadsee-Becken ist bis heute ein bedeutendes Viehzuchtgebiet. Im Süden besitzen Fulbe die größten Herden.

Die kleinen Polder wären auch nach erzwungenen Pausen durch Trockenheit wieder anzulegen gewesen, wenn die internationale Entwicklungshilfe nicht einen weiteren „Weißen Elefanten“ in den Sand gesetzt hätte. 1984 lieferte der Chari, Hauptzufluß des Tschadsees, nur acht Milliarden Kubikmeter Wasser – ein Fünftel der Wassermenge, auf der das Projekt aufbaute. 100 000 Hektar sollten nach Fertigstellung bepflanzt werden – die Hälfte davon mit Baumwolle, obwohl die Marktpreise fallen und tschadische Bauern im Süden genügend produzieren. Noch bevor die erste Baumwollpflanze am Tschadsee wuchs, errichtete die staatliche Gesellschaft auf Anraten der Entwicklungsplaner in Bol eine Entkernungsfabrik. Nur der Polder Gini ist verwirklicht worden – mit 320 Hektar. Die Fabrik ist längst verrottet, Bewässerungskanäle werden gnädig vom Wüstensand zugeweht.

Die gleiche Pleite erlebte das Projekt auf der nigerianischen Seite des Tschadsees. Die britische Beraterfirma Sir MacDonald and Partners aus Oxford hatte das ölreiche Land mit der Aussicht auf eine grüne Zukunft am Tschadsee geködert, obwohl es in Nigeria riesige Savannengebiete, Flüsse und tropischen Regenwald gibt. Über zwei Milliarden Dollar versickerten im bodenlosen Sand. Als in der ersten Phase 1980 gewaltige Ansaugrohre drei Millionen Kubikmeter Wasser am Tage aus dem See in nigerianische Kanäle pumpten, kam es gar zum bewaffneten Scharmützel: Tschad beschuldigte den reichen Nachbarn, seinem See- Anteil das letzte Wasser zu stehlen.

Auch wenn der Tschadsee im längeren Mittel weiter schrumpft, so haben noch eine ganze Weile Fischer der Anrainerstaaten ihr Auskommen – rund 100 000 Tonnen werden jährlich aus dem Sumpfgewässer geholt, geräuchert und getrocknet auf die Sahel-Märkte gebracht. Das weitere Umland ist zudem ideales Weideland. Die nördlich an den See angrenzende Präfektur Kanem, so benannt nach dem alten Reich, ist von Brunnen regelrecht durchlöchert. Das klare Wasser liegt nur ein paar Meter unter dem Sand – unterirdische Ausläufer des Tschadsees. Allein fast 300 000 Rinder der Daza, Fulani und Shoa-Araber grasen auf den Steppen, die sich nach Sommerregen in grüne Weiden verwandeln. Wenn der Regen nicht ausbleibt.

Die Tschadseebecken-Kommission (CBLT, Commission du Basin du Lac Tchad) wurde schon 1964 im damaligen Fort Lamy gegründet, dem jetzigen N'Djamena. Acht ernannte See-Kommissare, zwei aus jedem Anrainerland, trafen sich seither regelmäßig – meist zum Palaver. Programme und Projekte verwirklichten die einzelnen Länder überwiegend im Alleingang. Zudem wurde das CBLT-Gebäude während des Krieges 1980 schwer zerstört. Der Tschad war politisch und finanziell paralysiert, die Beamten wichen nach Marua in Nord-Kamerun aus. Erst seit 1988 ist die Zentrale im Tschad wieder funktionsfähig – ein Grund auch, weshalb längst über-

Das Gebiet des einstigen Tschad-Meeres besteht aus guten, fruchtbaren Sedimentböden. Aber nach jahrelanger Trockenzeit – wie zwischen 1982 und 1985 – verwandeln sie sich in Wüste. Die letzten Bäume sind abgestorben und wurden von durchziehenden Nomaden abgehackt.

fällige Fragen (wie die bessere Koordination einzelner Projekte) viel zu spät diskutiert werden.
Nach dem Scheitern des Bewässerungs-Großprojektes und vor dem Hintergrund der zunehmenden Wasserknappheit wären jetzt dringend gute Organisation und realistische Kleinprojekte nötig – nach vorheriger Befragung der Betroffenen, damit sie überhaupt getragen werden und eine Basis haben. Statt dessen träumen die meisten Verantwortlichen schon wieder unrealistisch von goldenen Zeiten. Ehrfürchtig und mit leuchtenden Augen lauschten Minister auf einer Konferenz zur „Rettung des Tschadsees" im Mai 1989 den Ausführungen von Luca Milano, Firmenvertreter der italienischen, halbstaatlichen Firma Bonifica.
Die Projektstudie „Transaqua" hat kontinentale Dimensionen. Wasser gebe es im tropischen Afrika zur Genüge, also brauche man es nur umzuleiten. Ein 2500 Kilometer langer Kanal soll von Bukavo (an der Grenze zu Ruanda) Wasser des Zaire bis zur Zentralafrikanischen Republik umleiten. Von weiteren Zuflüssen gespeist, wäre der Kunst-Fluß bei seiner Einmündung in den Chari schon auf 100 Kubik-Kilometer pro Jahr angeschwollen – theoretisch – und damit wasserreicher als der Rhein. Der so angestiegene, heute nur träge dahinfließende Grenzzufluß zwischen Tschad und Kamerun würde das Tschadsee-Becken in ein Paradies verwandeln: Bis zu sieben Millionen Hektar könnten dann kultiviert werden. Weil das alles noch nicht reicht, sind Stromkraftwerke, Industriegebiete und Straßen geplant.
Woher die fachlich versierten Arbeitskräfte kommen sollen, wie der Bodenversalzung begegnet werden kann – das läßt die Studie ebenso offen wie die Zustimmung der betroffenen „wasserspendenden" Länder und viele andere Fragen. Forderungen nach angepaßten Kleinprojekten beweisen nur den Mangel, in großen Dimensionen zu denken, meint man bei Bonifica. Das Projekt wird wohl an der Geldbeschaffung scheitern: 20 Milliarden Dollar soll es kosten.
Vielleicht wird es in naher Zukunft eine ganz andere Priorität bei Bol am Tschadsee geben: Erdöl. Schon Ende der siebziger Jahre fanden die drei Gesellschaften Chevron, Exon und Shell „bedeutende Vorkommen" beim Örtchen Rig-Rig, das im Sand zu versinken droht. Schläfrige Soldaten bewachen das seither versiegelte Bohrloch. Wenn sich Nigerias Ölreserven in einer Dekade dem Ende zuneigen und sich die politische Lage weiter stabilisiert, könnte Rig-Rig der wichtigste Ort im Tschad werden.
Dann wird das Schicksal des sterbenden Tschadsees und der noch hartnäckig fischenden 30 000 Buduma wohl kein wichtiges Thema mehr sein.

Die Elefanten von Waza

Es ist Mitte April, Höhepunkt der Trockenzeit. Windhosen tanzen über rissige Erde, verlieren sich in Richtung des flimmernden Horizonts. Heiße, wabernde Luft projiziert Trugbilder mit blauem Wasser in die Leere des brettflachen Landes. Die schnurgerade Asphaltstraße hier im äußersten Norden Kameruns wirkt darin wie ein Fremdkörper. Mit den ersten Sommerregen verändern sich diese weiten Ebenen des südlichen Tschad-

„Petri Heil" für den Kotoko-Fischer bei Dugia am Chari-Fluß. Der stattliche „Capitaine" füllt gleich ein Dutzend hungriger Mägen. Noch besser wäre der Verkauf gegen Bares.

see-Beckens. Dann ist alles sattgrün. Wenn die Fulbe-Rinder nicht weit ausladende Hörner hätten und braun wären, sähe die Gegend aus wie Ostfriesland. Manchmal steht dann Wasser auf beiden Seiten der dammartig angelegten Straße – das versunkene Tschad-Meer scheint wie eine Fata Morgana wieder aufgetaucht zu sein. Das Wasser versickert schnell. Nach den letzten Regen im November pflanzen Bauern der Kanuri zum zweiten Mal Hirse in den elefantengrauen und fruchtbaren Sedimentboden.

Drei einsame Felsen ragen wie von Karies zerstörte Zähne aus der Ebene. Hier liegt Waza – ein verschlafener Ort mit ungefähr 800 Einwohnern. Er gab dem Nationalpark seinen Namen, der gleich hinter der Straße beginnt: 170 000 Hektar; nicht groß für ein afrikanisches Naturreservat – und viel zu klein geworden für alle Tiere, die darin leben.

Es gibt ein angenehmes „Campement-Hotel", dessen Zimmer im Stil von Rundhütten auf einem der Felsen gebaut sind. Der Vollmond überzieht die ozeangleiche Ebene mit neonkaltem Licht. Erst 60 Kilometer weiter südlich beginnen bei Mora die Mandara-Berge und begrenzen den südlichen Ausläu-

fer des Tschadsee-Beckens. Von dort aus sind es nochmals über 200 Kilometer zur Provinzhauptstadt Garua. Dahinter erstrecken sich weitere Nationalparks und das Hochland von Adamaua. Die dort lebenden seßhaften Fulbe sind Nachkommen jener Nomaden, die seit Beginn des 19. Jahrhunderts das Reich von Bornu bedrohten.
Der Fulbe-Herrscher, Lamido genannt, residiert noch immer mit einem beträchtlichen Hofstaat hinter meterdicken Lehmmauern im Dorf Rey-Bouba nahe der tschadischen Grenze. Nur zu hohen islamischen Festen verläßt er in einer Sänfte den Palast. Dann werden auch hier – so wie in den Sultanaten von Mao in Kanem oder Bol am Tschadsee – die alten Zeiten wieder lebendig: mit einem prächtig herausgeputzten Hofstaat, Reitern auf geschmückten, gepanzerten Pferden, Kriegern mit Lanzen, Pfeilen und Schilden aus Büffelleder und Musikanten mit Trommeln und Flöten.
Doch das ist dieses Mal nicht mein Ziel. Es sind die Elefanten von Waza und Antworten auf Fragen nach ökologischen Konsequenzen. Während überall auf dem Kontinent die Dickhäuter gnadenlos dezimiert werden, gibt es hier zu viele auf engem Raum. Wegen ihrer kleinen Stoßzähne sind die Waza-Elefanten weitgehend vor Wilderern geschützt. Aber welche Folgen hat das für die Natur, wie verträgt das sich mit immer dichterer Besiedlung am Rande des Parks?
Statt waidmännisch frühem Aufstehen wird eher Hitzefestigkeit verlangt: Jetzt gegen Ende der Trockenzeit konzentrieren sich die Herden gerade mittags an den restlichen Tümpeln. Dann klettert das Thermometer auf ungefähr 45 Grad im Schatten. Trockene Hitze, immerhin. Zwei plastisch verzierte Lehmhütten stehen auf beiden Seiten des Schlagbaums, neben dem die Führer dösen. Hütten wie Granaten. „Cases obus“ werden sie denn auch genannt, noch vor wenigen Jahrzehnten Markenzeichen der Musgum am Logone-Grenzfluß zum Tschad. Wellblech hat diese Meisterwerke der Lehmarchitektur fast gänzlich verdrängt. Hier sind sie noch zu sehen – als Nachbildung.
500 Kilometer Piste durchziehen den Park, die meisten sind in schlechtem Zustand. Kraterähnliche Löcher finden sich vor allem dort, wo im Schlamm der Regenzeit Elefanten gelaufen sind. Ein lichter Akazienwald ist verwüstet; halb ausgerissene, abgeknickte Bäume – Buschlandschaft nach dem Besuch hungriger Dickhäuter. Immerhin benötigt jeder Elefant rund 200 Kilogramm Grünfütter pro Tag.
Die zweite Wasserstelle, Hunderte von Enten – und Kot von Elefanten. „Sie sind weiter hinten“, sagt der alte Führer Jean mit der Bestimmtheit eines Mannes, der den Park wie seine Westentasche kennt. Giraffen stehen reglos im Busch, starren mit abgewinkelten Beinen dem Auto nach, neugierig und wachsam. Rund 2000 gibt es im Park, viel zu viele. In der Ferne eine zweite Gruppe, auch ein

Mittags wird es im April auch Elefanten zu heiß. Die Dickhäuter des kleinen Waza-Nationalparks im Norden Kameruns suchen Abkühlung in den geschrumpften Wasserlöchern. Es gibt kaum eine andere Gegend in Afrika, wo sich der faszinierte Besucher zu Fuß so nah an die Herden heranpirschen kann, daß er fast ein Weitwinkel-Objektiv benötigt. Die Elefanten stört's nicht.

Vom Baby bis zum Bullen ziehen die grauen Riesen wiegenden Schritts im Waza-Park durch den lichten Busch. Weit über 1000 Elefanten leben hier – zu viele für das relativ kleine Naturschutzgebiet. Daß es hier kaum Probleme mit Wilderern gibt, hat einen simplen Grund: Die hiesigen Elefanten haben im Gegensatz zu ihren ostafrikanischen Verwandten nur mickrige Stoßzähne.

paar Strauße. Sie sind selten geworden wie die Löwen. Friedlich zieht eine Herde hochschultriger Pferdeantilopen vorbei.
Mittlerweile ist die Sonne auf ihrer Feuerbahn ganz oben angekommen. Wir sind nun im östlichen Teil des Naturschutzgebietes, in den „Yaérés". Sie werden jährlich überschwemmt und sind mit dichtem Gras bedeckt. Die westliche Hälfte des Parks ist mit rötlichstämmigen Akazien bewachsen. Korngelbes Gras – Elefantengras. Wieder ein Tümpel. Und dort stehen mindestens 100 der grauen Riesen am Rand des Wassers, fast soldatisch aufgereiht. Es ist heiß, wir haben zu wenig Wasser mitgenommen. Fliegen summen lästig nah – was macht das schon? Wir sitzen am lehmigen Ufer, der Herde direkt gegenüber.
Ohren fächern, Rüssel schwenken, Säulenbeine tasten, Staub weht hoch. Ein alter Bulle legt seinen müden Schädel auf die Schulter einer Nachbarin. Gerade menschleinkleine Babies trompeten ungeduldig. Das erste Tier watet bis zum Bauch ins Wasser, und nun gibt es kein Halten mehr in der Herde. Da wird gespritzt, geprustet, geschwommen und getaucht, einfach nur gesoffen, zart geflirtet oder wie ein Flußpferd regungslos

Ein Fulbe-Hirte mit Pfeil und Bogen hat seine Schafherde zu einer Wasserstelle im äußersten Norden von Kamerun geführt. Die Tiere sind jetzt, auf dem Höhepunkt der Trockenzeit im Mai, klapperdürr. Viele werden es nicht mehr erleben, daß im Juli die ersten Pflanzen zu sprießen beginnen – falls die Regenzeit pünktlich beginnt oder überhaupt kommt.

Der Dorfchef von Mabas in den Mandara-Bergen hat das Sofa vom benachbarten Nigeria heranschleppen lassen – modernes Statussymbol.

im Wasser gelegen. Halbstarke liefern sich Scheingefechte, und alle glänzen ganz frisch. Nicht sehr lange. Gerade eine Viertelstunde dauern ihre Wasserspiele, dann verteilt sich die Herde im Busch. Nach dem Bad sind nun andere Duschen angesagt: Pfundweise saugen die Rüssel feinen Staub an, schütten ihn über Kopf und Rücken. Einige Kolosse wälzen sich vergnügt im Schlamm. Der Glanz ist dahin, aber Schutz vor bohrenden und stechenden Parasiten garantiert.

Die Elefanten haben Waza zum beliebtesten Nationalpark Westafrikas gemacht – er lockt jährlich über 10 000 Besucher an. Doch der Touristen Freude ist dem Parkchef Dauda Badjoda Grund zu wachsender Besorgnis.

Bei der Gründung des Reservats 1934 gab es keinen einzigen Elefanten hier, und für 1947 weist die Statistik eine Herde von nur 20 Tieren nach. 1968 waren es schon 600, und diese Zahl („das kann der Park gerade noch verkraften“) hat sich bereits verdoppelt – vor allem durch weiteren Zuzug aus dem Tschad. „Elefanten lieben Ruhe, die fanden sie nebenan nicht durch den Krieg.“

Dann begann 1982 die dreijährige große Dürre. Alle 17 Wasserstellen waren ausgetrocknet. Um Gazellen, Giraffen und Strauße

Die Dächer der M'bum-Hütten im äußersten Süden des Tschad ähneln zerzausten Frisuren. Hier beginnt bereits die Feuchtsavanne.

zu retten, mußte Badjoda drei Tankwagen zu je 30 000 Liter einsetzen, um die wichtigsten Tränken aufzufüllen.

Elefanten wären ohne diese Maßnahme notfalls weitergezogen. In der Regenzeit wandern ohnehin regelmäßig mehrere hundert der Rüsseltiere zum Logone und Tschadsee. Nun blieben sie im verdorrten Waza-Park, weil genügend Wasser vorhanden war. Badjoda: „Konsequenz wäre nur gewesen, alle anderen Tiere in der Mehrzahl verdursten zu lassen. Die Dürre hätte zum Beispiel kaum eine Gazelle überlebt, außerhalb des Parks wären sie gejagt worden." Sicher, der Preis des großen Tiersterbens – eben auch bedrohter Arten wie Strauße – wäre zu hoch gewesen, um das Elefanten-Problem durch Abwanderung in den Griff zu bekommen. „Nun ist Waza überlastet und kann sich nicht regenerieren."

Wilderer aus Nigeria töten jährlich mindestens 50 der Elefanten – ihre Stoßzähne sind zwar klein, aber auch das Fleisch ist begehrt. Das „zählt" bei über 1000 Tieren ebensowenig wie die offiziell erlaubte Abschußquote von 40 Elefanten pro Jahr für den ganzen Norden Kameruns. Experten der niederländischen Universität Leiden arbeiten an einer

Studie über das Elefanten- und Umweltproblem und raten schon jetzt, mehr Tiere zum Abschuß freizugeben. Großwildjäger zahlen gern 10 000 Mark für einen Elefanten – willkommene Auffüllung der Staatskasse, um die sich Tourismus- und Landwirtschaftsministerium streiten.

Das allein, resümiert Badjoda, wird keine Lösung sein: „Es geht nur um alte kranke Tiere, nicht um Dezimierung an sich. Elefanten sind auf dem Kontinent fast am Aussterben. Mehr Abschüsse wären eine billige, kurzsichtige Lösung für das Problem, das wir hier haben.“ Er setzt voller Hoffnung auf die „praktische Intelligenz“ der Großsäuger: „Sie suchen sich schon andere Orte, wenn es hier zu eng wird.“

Aber welche Lebensräume gibt es noch? Am liebsten würde Badjoda die überzählige Schar in weiter südlich gelegene Nationalparks „abschieben“, die arm an Elefanten sind, so wie der etwa 300 Kilometer südlich gelegene Bénué – ein Wunschtraum nur.

Zu viele Elefanten und schnell wachsende Bevölkerung, die immer neues Terrain braucht: Der Streit um Lebensraum für Menschen und Tiere ist nicht nur vorprogrammiert, sondern in vollem Gange. Noch nie haben die Tiere gewonnen. Bauern der Gegend – Kotoko, Kanuri, auch halb seßhafte Fulbe und Araber, wie die Shoa – dringen nicht nur siedelnd, sondern auch brandrodend in Gebiete vor, die bis dahin unbewohnter Busch waren.

Stapel von Feuerholz entlang der Straße beweisen, daß zum Teil große Bäume gefällt werden. Weite Flächen sind durch angelegte Buschfeuer verkohlt. Sie sollen Rodungsarbeiten für neue Felder erleichtern, aber breiten sich leicht unkontrolliert aus und töten Kleintiere. Das zerbrechliche ökologische Gleichgewicht ist gestört, das Resultat schon im engen Umkreis der kleinen Weiler zu sehen: verdorrtes, rissiges Land, auf dem nichts mehr wächst. Halbwüste.

Die Menschen dehnen ihren Siedlungsraum weiter und schneller aus, als es auch hier die Umwelt verträgt. Hirsefelder wurden in direkter Nähe des Parks angelegt: Der Besuch immer hungriger Elefanten ist dadurch vorprogrammiert. Wächter schlagen tagsüber auf leere Benzinkanister oder werfen nachts brennende Äste, wenn die Tiere kommen – beides meist nur mit dem Effekt, sich selbst Mut zu machen. Heimgesuchte Felder verwandeln sich in Kürze in ein leeres, staubiges Schlachtfeld.

So setzt Badjoda weiter auf die Intelligenz der sympathischen Dicken, auch anderen Lebensraum zu finden. Die Hoffnung liegt dort, woher sie ursprünglich gekommen ist, und wo wieder Frieden eingekehrt ist: im Tschad.

Cases Obus, „Granatenhäuser“, nannten französische Verwaltungsbeamte die kunstvollen Lehmhäuser der Musgum am Logone-Fluß, der natürlichen Grenze zwischen Nord-Kamerun und Tschad. Es gibt heute nur noch wenige solcher Häuser beim Dörfchen Puss. Dieses hier ist eine Nachbildung und steht am Eingang zum Waza-Park.

Vom Chari durch den „Gazellenfluß“

MAGGI

N'Djamena (links Markt und Große Moschee) kann nach seltenen, heftigen Regenfällen im Sommer zu einem „Venedig des Sahel" werden.
Seite 64/65: Der Erg von Djurab ist die letzte Barriere auf der 1000 Kilometer langen Piste zwischen N'Djamena und der bedeutenden Oase Faya-Largeau.

Das Tibesti stand immer ganz oben auf meiner Wunschliste. Nicht nur durch seine isolierte Lage bekam es die Dimension eines fernen Traumlandes: Rebellion und Krieg erstickten zwei Jahrzehnte lang schon den Gedanken an die Einreise. Tibesti war seit dem Aufflammen der Revolution Ende der sechziger Jahre unerreichbar wie der Mond, ein Tibet Afrikas.
Und die Chancen wurden immer schlechter. 1969 mußte die Freie Universität Berlin ihre Forschungsstation in Bardai aufgeben; 1974 wurden die Archäologin Françoise Claustre und der deutsche Arzt Christoph Staewen in Bardai entführt. Kerkermeister war Hissène Habré. An der Sorbonne in Paris ausgebildet, beanspruchte Habré ebenso die Führung der Rebellion wie Gukuni Weddeye, Sohn des letzten Tubu-Oberhauptes. Der persönliche Machtkampf zwischen den beiden Männern verlängerte Krieg und Leiden im ohnehin schon instabilen Land.
1978 wurde Habré Premierminister unter General Mallum – einem Süd-Tschader – und

Kleine Karawane der Tubu-Daza unweit von Kufey (Niger), 60 sandige Kilometer nördlich von N'Guigmi am Tschadsee. Nach der letzten Dürre sind viele Daza hierher abgewandert. Frauen reisen meist noch in überdachten Sätteln, die Sänften ähneln.

stürzte ihn 1980. Wie ein Jahr zuvor Kämpfe zwischen Habrés Rebellen und der Regierung ausbrachen, so kam es nun zur „zweiten Schlacht von N'Djamena" – zwischen Truppen Habrés und Gukuni. Die Hauptstadt sank in Schutt und Asche, Tausende von Zivilisten starben. Gukuni siegte mit libyscher Hilfe und wurde Präsident einer Übergangsregierung – aber im Juni 1982 warfen Habré-Truppen ihn wieder hinaus.

Hissène Habré festigte die Macht mit den üblichen rigiden Methoden: Militärherrschaft, Geheimpolizei und Folter, Einheitspartei. Sein Erzrivale Gukuni blieb ebenfalls nicht untätig. Mitte 1983 gelang es ihm mit massiver libyscher Hilfe, weite Teile des Nordens und Ostens unter seine Kontrolle zu bringen – auch das Tibesti. In den folgenden Jahren stabilisierte Oberst Gaddaffi seinen Einfluß. Die Besatzungsarmee wuchs zeitweise auf 12 000 Mann an, die libysche Flagge wehte auch über der Oase Faya-Largeau. Frankreich zog eine fiktive Grenze entlang des 16. Breitengrades, schickte 3000 Fallschirmjäger und Legionäre, mischte sich aber nicht direkt in die Kampfhandlungen ein.

1986 kam es zum Bruch zwischen Gukuni und Libyen; Gukunis Truppen halfen nun Habré bei der Befreiung des Nordens. Armeechef wurde der gerade vierunddreißigjährige Idris Deby. 1987 stürmten die nun wiedervereinigten Wüstenkämpfer die Stadt Fada im Ennedi und eroberten im März die Basis von Wadi Dum; an einem Tag starben dort 1000 libysche Soldaten.

Habré blieb weiterhin unangefochtener Präsident und bemühte sich, die „Normalisierung“ unter anderem durch Einladung ausländischer Journalisten zu zeigen – auch, daß die Tibestiregion dem Tschad gehört und nicht Libyen. War nun nicht die Chance einer Tibesti-Reise gekommen? Ich zweifelte nicht mehr daran, als Habré persönlich im Herbst 1988 dem Pariser Künstler Jean Vérame gestattete, einige Felsen bei Bardai rot, blau und schwarzweiß anzumalen.

Der deutsche Botschafter Dr. Axel Weishaupt unterstützte meinen Plan nach Kräften. Das Informationsministerium wußte um den Wert einer Tibesti-Reise: Ein Fernsehfilm müsse produziert werden. In langen Gesprächen gelang es, die weiteren Forderungen höflich abzulehnen: nach erfolgter Mission der Regierung Geländewagen und Kameras zu überlassen. Die Bedingung, einen Film zu drehen, blieb bestehen; als Kompromiß vereinbarten wir eine erste Erkundungsreise durch mich. Bis zum Eintreffen des TV-Teams, das ich in Wirklichkeit noch gar nicht gefunden hatte, bliebe aber mein Landrover „unter Obhut“. Ich hatte verstanden. Die Regeln bei diesem Poker waren klar, der Gewinn für mich eher ein innerer.

Über Marokko, Algerien und Niger fuhr ich meinen Landrover in den Tschad: 7000 Kilometer. In der algerischen Oase Timimun saß im Hotel „Oasis Rouge“ am gleichen Frühstückstisch ein schnauzbärtiger, bebrillter Franzose: Eric Pittard. Beim Wort „Tibesti“ entglitt ihm die Kaffeetasse. „Ce n'est pas vrai!“ Als Cineast versuchte er seit Jahren, eine Erlaubnis zu bekommen, dort zu filmen. Ein Wink des Schicksals: Er würde filmen, denn ich hatte die Erlaubnis. Bald darauf folgte ein Schicksalsschlag.

1. April 1989, N'Djamena. 42 Grad im Schatten, die heiße Zeit beginnt. Eine Woche mit Behördengängen liegt hinter mir, die Reiseerlaubnis wurde vom Innenminister persönlich unterzeichnet. Morgen werde ich zu meiner „Erkundungsmission“ ins Tibesti aufbrechen. Doch es gibt plötzlich Unruhe in der staubigen Stadt. Vollbesetzte Armeewagen rasen durch die Straßen, Schüsse sind zu hören.

Am nächsten Tag kann ich meine Reise vorerst abschreiben: wegen eines Putschversuchs von Habrés Armeechef Déby (der ihn Anfang Dezember 1990 endgültig stürzen sollte). Auch dessen Bruder und Innenminister Itno ist daran beteiligt. Und gerade seine Unterschrift prangt unter meiner Reiseerlaubnis – nicht mehr die beste Empfehlung.

10. Januar 1990: zweiter Versuch. Wieder liegt eine Woche anstrengender Behörden-Besuche hinter mir. Eric Pittard ist nun auch mit seinem Assistenten Fred Gremaux eingetroffen; sie haben einen Auftrag von „Canal Plus“, einer französischen Fernsehgesellschaft. Nun brauchen wir noch ein zweites Fahrzeug und müssen 2000 Liter Sprit organisieren. Weitere Tage vergehen in der Hauptstadt.

Das einstige Fort Lamy wurde in N'Djamena

umbenannt – das bedeutet soviel wie „Laßt uns in Ruhe". Es blieb nur frommer Wunsch. N'Djamena hat erst gar nicht versucht, sich mit den Insignien einer Hauptstadt zu schmücken. Sie liegt am Zusammenfluß von Chari und Logone; auf der anderen Seite beginnt Kamerun. Selbst der Fluß ist von bleierner Trägheit, das Land brettflach und ausgedörrt, die Stadt von unverblümter Armut und Zerrissenheit. Die Hauptachse des kolonialen Kerns mit seinen Arkaden heißt Avenue Charles de Gaulle; die katholische Kathedrale ist von ebenso anmaßender Größe wie Frankreichs jahrzehntelange Ausbeutung des negroiden Südens. Tschads erster Präsident François Tombalbaye schickte Steuereintreiber auch ins Tibesti, um den Tubu zu zeigen, wer an der Macht ist.

Edle Züge: Oberhaupt einer Daza-Familie bei Kufey in Niger.

1968 begann die organisierte Rebellion im Norden.
Alles liegt in der Hauptstadt offen: die inhomogene Bevölkerung mit jeweils eigenen Wohnvierteln, die Macht der Militärs. Wer am Kreisverkehr zum Novotel eine Straße zu spät abbiegt, fährt direkt ins Hauptquartier und wird gewöhnlich prophylaktisch beschossen. An der Einkaufs-Avenue drängen sich Bettler, wohnen Familien in Kriegsruinen. Nebenan kaufen Entwicklungshelfer-Gattinen im Supermarkt Beaujolais oder frisch eingeflogene Muscheln aus der Normandie.
Ein letztes „Gala"-Bier in einer der Straßenkneipen. Grell dröhnen übersteuerte Rhythmen aus Haiti. Die Bar heißt „Forêt". Nebenan hämmert das Stakkato nigerianischer Highlife-Musik aus der Bar „Désert". Zwischen „Wüste" und „Wald" gibt es keinen Übergang. Symbol für N'Djamena, Symbol für den Tschad.
Eric hätte nur einen Wagen um den Preis eines Neufahrzeugs mieten können und verwandelt Not in Tugend: Der Tubu-Händler Kuki will mit seinem alten Toyota nach Bardai – Thema des Films. 1800 Kilometer Fahrt. Er nimmt die beiden und dafür weniger Waren mit. Sein Preis ist noch immer astronomisch und vergoldet entgangene Verkäufe. Auch Sprit-Depots hat Eric für unsere Rückfahrt organisiert: „Je 500 Liter Diesel in Faya und Bardai für den Landrover."
„Es ist leider ein Benziner", bedaure ich. Erics Seehundbart hängt noch tiefer. „Ich glaube, wir müssen noch einen Tag länger hierbleiben."
Endlich sind wir auf dem langen Weg nach Norden: 1000 Kilometer bis Faya. Dürre Sahel-Steppe, sandiger Boden, Ziegen auf einem Hauch von Grün. Schon ist die Asphaltstraße nach Massaget zu Ende; ganz Tschad hat kaum mehr als 500 Kilometer Straße. Eine gute Piste nach Massakory, dann Weichsand. Heimwärts strebende Händler auf Eseln und Kamelen. Abends im lichten Busch irgendwo Trommeln; Lachen, das der Wind verweht.
Die Fahrzeuge versinken in weißlichgrauem Staub – schlimme Erinnerungen an meine Tschadsee-Umfahrung tauchen auf. Wir quälen uns durch den Bahr el Ghazal, den ehemaligen Gazellenfluß. Acht Stunden harte Fahrt, und wir sind erst 160 Kilometer nördlich von Mussoro, das wir im Morgengrauen verlassen haben.
Eine Gruppe von Kamelen zieht an uns vorbei. Das letzte Tier trägt einen Frauensattel aus gebogenen, starken Zweigen. Der umgelegte, rot gestreifte Teppich macht ihn zu einer Art Sänfte, aus der wir beim Näherkommen zunächst nur Beine und Füße mit rissigen Sohlen herausragen sehen. Dann taucht eine Hand mit schweren, eckigen Silberringen aus dem Dunkeln des Innern auf, schließlich der Oberkörper und das Gesicht mit umrahmenden feinen Zöpfchen einer jungen Frau.
Daza suchen hier neue Weideplätze. Die Sprache dieser südlichen Tubu, dazaga, hat nichts gemein mit dem tédaga der nördlichen Tubu-Téda des Tibesti – und doch gibt es einen gemeinsamen Ursprung, der im Dunkel der Geschichte versinkt; Tubu sind „schwarze Nomaden" der Sahara mit europäiden Gesichtszügen. Daza leben vor allem nördlich des Tschadsees in der Landschaft Kanem. Sie nomadisieren mit Kamelen und

Ziegen, weiter im Süden auch mit Rindern. Später sehen wir einige ihrer Mattenzelte direkt neben der Piste. Ein schmächtiger Mann im weißen Hemdgewand geht uns entgegen – braucht er Wasser? Mit Gesten werden wir in das Zelt geleitet. Bunte Decken und Kissen schaffen Behaglichkeit. Die Frau des Hauses begrüßt uns ohne Scheu, bereitet den Tee – beides undenkbar bei Arabern, selbst bei den matriarchalisch orientierten Tuareg. Der Mann kommt mit einer Kalebasse schäumender Kamelmilch. Es gibt steinharte, doch wohlschmeckende Datteln. Wir sind zu Hause.

Wieder einmal mußte der kriegsverletzte, hinkende Kuki seinen museumsreifen Toyota reparieren. Dann verlassen wir Koro-Toro mit einem Führer. Hier verläuft der 17. Breitengrad, dessen Übertretung nach Süden Frankreich nicht duldete. Nördlich beginnt der Erg von Djurab – eine sandgefüllte, gewaltige Depression, einst Teil des Tschadsees. Nun versperren Sicheldünen, Barchane, die Weiterfahrt. Als ob dazwischenliegende Weichsandfelder, die Fech-Fech, nicht ausreichten, wurde die beste, mit Balisen markierte Passage von den Libyern vermint. Angst kommt trotzdem nicht auf – zu anstrengend ist das Fahren. Die Gelassenheit des alten Tschaders überträgt sich auf uns. Den Kragen des abgewetzten Armeemantels hochgestellt, zeigt er mit knappen Handbewegungen den Kurs. Immer wieder gibt es frische Reifenspuren – ein gutes Zeichen.

Faya: Perle des Nordens

Erst 13 Jahre nach dem Griff zum Tschadsee und dem Sieg über Rabah im Jahre 1900 wurden der Norden und Osten dem Kolonialblock von Französisch-Äquatorialafrika einverleibt: Oberst Largeau zog in Faya ein, verjagte die religiös-politischen Senussi aus ihrem Wehrkloster in Ain-Galakka und eroberte das Königreich von Wadai. Aus Faya wurde Faya-Largeau. Im gleichen Jahr, 1913, war Frankreichs Macht im Süden längst gefestigt. Trotz großer Dürre wurden von halb verhungerten Menschen Steuern eingetrieben, Getreide und letzte Tiere beschlagnahmt.

Sieben Jahre zuvor erklärte der Minister für Kolonien, Etienne Clémentel: „Welcher Abgrund zwischen dem Europäer, den Jahrhunderte der Anstrengung auf seine Führungsrolle vorbereitet haben, und dem Eingeborenen! Sicher gibt es keine höhere Mission als die Aufgabe der Erziehung und Zivilisation. Die französische Weltanschauung, das ist das ewig Menschenfreundliche."

Noch immer dem kolonialen Schema folgend, herrscht hier der Präfekt vom B. E. T. Die Kürzel stehen für Borku, die Gebirge von Ennedi und Tibesti. Dort versuchen sich Unterpräfekten an etwas Ähnlichem wie einer Verwaltung. Das ganze B. E. T. ist über 600 000 Quadratkilometer groß und nur von knapp 80 000 Menschen besiedelt – eines der wildesten, leersten, „unverwaltbarsten" Gebiete der Welt.

Nach den tückischen Dünen des Djurab beeindrucken vor allem die Palmen in Faya. Sie überkronen schattige Gärten, in denen frisch hellgrüne Weizenfelder leuchten und Vögel singen. Auch in den sandigen „Hauptstraßen" wachsen Palmen.

Doch die einstige „Perle des Nordens" hat im Krieg gelitten. In den Zeilen der Lehmhäuser klaffen Lücken. Ein großer Teil der Gärten wurde vernichtet. Vor Stacheldrahtschlingen liegen zu Pergament geschrumpfte Kamelkadaver, Konservendosen, Knochen – menschliche? Hinter den Resten einer Mauer stehen erbeutete Panzer und Lastwagen, die meisten ausgeschlachtet. Ein Kinder-Soldat in Plastiksandalen und zerschlissener Uniformjacke mit der Aufschrift „US-Army" hält sinnlose Wache. Nicht weit entfernt wartet eine letzte Einheit französischer Legionäre auf ihren baldigen Abzug.

Der Wiederaufbau ist in vollem Gange. Süd-Tschader in Jeans und spiegelnden Sonnenbrillen dominieren. Neben einem zerbombten Gebäude sind Arbeiter damit beschäftigt, feuchten Lehm in rechteckige Formen zu füllen – Herstellung der hier üblichen, luftgetrockneten Ziegel. Auch diese Hilfskräfte kommen aus dem Süden.

So wie die Lehrer. Stolz führt uns der Schulinspektor für Borku durch die wiederaufgebaute, frisch geweißte Schule. Die Kinder sitzen überwiegend auf Lehmbänken. Bücher gibt es so gut wie keine, Schulhefte und Kugelschreiber sind Kostbarkeiten. Die Kleinsten halten stolz Schiefertafeln mit ungelenk aufgemalten Buchstaben in die Höhe. Trotz Armut, trotz aller Probleme gibt es auch hier fast unerklärliche Kraft und Motivation.

Trotz des Krieges haben die meisten Lehrer jahrelang ohne Lohn gearbeitet. Ihr Monatsgehalt wurde nun auf 46 000 CFA-Francs erhöht, umgerechnet 300 Mark. „Seit vier Monaten sind wir wieder nicht bezahlt worden. Wenn es dann etwas gibt, werden die noch ausstehenden Gehälter nicht nachgezahlt." Sie legen Gärten an, treiben etwas Handel – „sonst könnten wir nicht überleben". Hinzu kommt die Hilfe, die der engen verwandtschaftlichen Verbundenheit der Einheimischen entspringt.

860 Schüler gibt es in Faya – soviel wie in ganz Tibesti. Dort liegt die Einschulungsrate noch immer bei zwei Prozent. Ausländische Hilfe setzt erst zögernd ein: Hefte, Tafeln, Kreide und 320 Schulbänke von der UNICEF – bei 5000 Schülern im B. E. T. Und die, klagt Schulinspektor Zoupenet, repräsentieren nur fünf Prozent der eigentlich schulpflichtigen Kinder.

Auf dem Markt sitzen Frauen mit leuchtenden Umhängen in allen Farben des Regenbogens, die an indische Saris erinnern. Besonders beliebt sind gelb, giftgrün und grelles Orange. Sie verkaufen in langen Reihen Datteln, Salz aus der nahen Saline von Bedo, Salat, Tomaten und winzige Eier zu hohen Preisen. Alles ist teuer hier. Fast täglich kommen Lastwagen aus dem Süden mit hoch aufgetürmten Waren. Oben auf der gefährlich schwankenden Ladung kauern Dutzende von Passagieren.

Nach der libyschen Besetzung und Zerstörung besitzt Faya nun fast wieder die gleiche Bedeutung als Knotenpunkt von Karawanen: Bäle aus dem Ennedi sind hier, Kréda aus dem Bahr el Ghazal, Tubu aus dem libyschen Fezzan – fast 2000 Kilometer weiter nördlich. Wenn die späte Nachmittagssonne

Faya-Largeau ist seit dem letzten Jahrhundert wichtigste Oase in der zentralen Sahara, Dreh- und Angelpunkt für Karawanen. Nach dem Ende der libyschen Besatzung 1987 hat sich das Leben schnell normalisiert.

weiches Licht auf den Kamelmarkt wirft und den emporwirbelnden Sand wie Goldstaub aufleuchten läßt, werden alte Zeiten wieder lebendig.

„Ich hab's satt. Sechs Tage sind wir schon hier und können noch immer nicht los." Offenbar stimmt etwas nicht mit unseren Papieren. Eric Pittard verliert die Geduld. Der stellvertretende Präfekt empfängt uns in seinem großen Haus mit gleichbleibend freundlicher Unverbindlichkeit. Auf teuren Teppichen stehen schwere Polstermöbel. Der Raum dient meist gleichzeitig als Besprechungs-, Eß- und Schlafzimmer.

„Sie sind heute nicht zum Essen gekommen. Dommage. Darf ich etwas Tee und Gebäck anbieten?" Erics Geduld ist am Ende. „Wissen Sie, was allein die Miete der Kameras jeden Tag kostet? 6000 Francs." Der Préfet adjoint lächelt freundlich. Offenbar liegt diese Summe jenseits seiner Vorstellungskraft. Außerdem ist der Präfekt auf Reisen. Und vor allem gibt es hier ein anderes Zeitmaß, dem ich mich schmerzloser anpassen kann als die Kollegen vom Film. Weil sich unsere Arbeitsweise durch das Metier unterscheidet, wollen wir schon ab Faya getrennt ins Tibesti fahren. Außerdem hat Pittard weitaus weniger Zeit als ich.

Der nächste Gang führt wieder einmal zum Militär-Kommandanten gleich nebenan – ein wichtiger Mann, dem das gesamte B. E. T. unterstellt ist. Mit Sicherheit entscheidet hier nur er, ob wir abreisen dürfen oder nicht. N'Djamena ist weit, und er ist hier verantwortlich.

Martialisch aussehende Wachen im Kampfanzug und lässig umgehängter Kalaschnikow geleiten uns in die zur Kommandantur umfunktionierte Villa. Der Kommandant ist ein kleiner, kurzsichtiger Mann mit einem schütteren Bart. Er war maßgeblich daran beteiligt, die militärisch überlegenen Libyer zu besiegen. Wie andere hier wuchs er im Befreiungskampf mit der Waffe in der Hand auf. Helden müssen eben nicht aussehen wie Helden.

Die Combattants langweilen sich – es gibt nichts mehr zu tun. Nicht einmal mehr versprengte libysche Truppenteile könnte man jagen. So sitzen sie auf einem Teppich, trinken Tee und spielen Karten. „Etwas Tee?" Eric kann sich nur noch mühsam beherrschen. „Wissen Sie, was allein die Miete der Geräte täglich kostet? 6000 Francs." Der Kommandant lächelt verständnislos und informiert uns über einen Dolmetscher, auf dessen T-Shirt das Porträt von Michael Jackson prangt: „Ich dachte, Sie sind schon abgereist. Wir haben Sie bereits allen Militärposten auf dem Weg angekündigt. Da Sie getrennt reisen, brauchen Sie ja wohl nur noch einen Begleiter." Eric hat gar keine Zeit, die Fassung zu verlieren.

Am nächsten Morgen verlassen Eric, Fred und Kuki die Oase. Der verordnete Begleiter ist auf Anhieb unsympathisch. Erics Nerven sind zum Zerreißen gespannt. „Es gibt vorn im Auto nur zwei Plätze, also wird reihum einer von uns auf der Ladefläche sitzen müs-

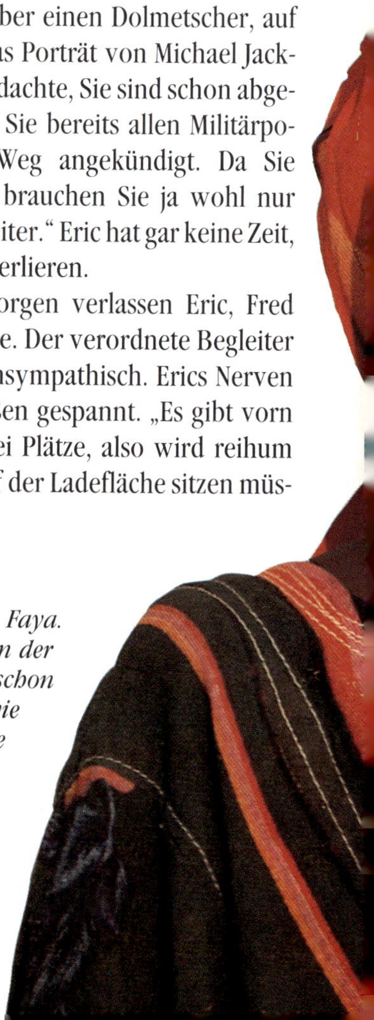

Tubu-Mädchen in Faya. Die bunten Farben der Kleidung wirken schon bei den Kleinen wie eine Kampfansage an die Wüste.

sen." Der Jungsoldat wedelt mit dem Zeigefinger – soll heißen: Nein. „Ich bin hier der Chef." Eric läuft rot an. Seine Reise beginnt nicht gerade günstig.

In unserer „Villa" bereite ich meine Abfahrt für morgen vor. Es ist ein zerbombtes Gebäude ohne jede Einrichtung. Zumindest gibt es weder Ameisen noch andere Insekten. Mein Begleiter stellte sich als Gukuni vor und heißt wirklich Gukuni – wie der ehemalige Präsident. Ein dunkler, kräftiger Mann mit eisgrauem Bart; Hauptmann der tschadischen Armee, nicht unsympathisch. Nur war er noch nie über Faya hinausgekommen. Wir würden uns also einen Führer nehmen müssen und fanden Hamid, einen sanften Soldaten, der abends auf der zerstörten Terrasse saß und eine dreisaitige Laute spielte – mit einem Stahlhelm als Klangkörper.

Einen halben Tag nach Erics Abreise steht der Kommandant mit Helfern in der Tür. „Ton ami?" „Abgereist. So war es doch besprochen." „Nein!" Er sagt es in schneiden-

Trotz mangelnder Ressourcen (oder gerade deshalb?) gibt es eine für uns fast unerklärliche Vitalität, wie hier in der Schule von Faya. Das stimmt nachdenklich. Zeit und Menschlichkeit sind Reichtümer.

dem Ton, gibt arabische Anweisungen und meint wohl: besprochen ja, aber noch nicht erlaubt. 20 Sekunden später verschwindet ein Toyota mit fünf schwerbewaffneten, sehr motivierten Combattants in einer Staubwolke: Es gibt etwas zu tun.

„Ich denke, wir können heute abend noch ein Bier trinken", sage ich zu Gukuni. Der Bierpreis steigt hier im Quadrat zur Entfernung von der Brauerei – und die ist immerhin 1500 Kilometer entfernt. Bei einem Zivilbeamten genießen wir den teuren Gerstensaft in kleinen Schlucken – die Flasche zu sechs Mark.

Am nächsten Abend trinken wir noch mehr Bier – zusammen mit Eric und Fred.

„Sie haben uns wie Gefangene nachts in den Wagen getrieben und in die Luft geschossen. Am anderen Morgen fuhren wir unter bewaffneter Aufsicht zurück nach Faya. Der Militärchef sagt, es fehlt noch die Unterschrift vom Verteidigungsministerium."

Eric und ich fliegen mit der nächsten Transall wieder nach N'Djamena, besorgen die Unterschrift, übernachten im Novotel, mieten uns für umgerechnet 4000 Mark einen Wagen und fahren die 1000 Kilometer in zwei grausamen Tagen zurück nach Faya, denn die

nächste Transall geht erst wieder in 10 Tagen. Seit unserer ersten Abfahrt aus N'Djamena sind zwei Wochen vergangen. Eric addiert längst nicht mehr die 6000 Francs pro Tag. Wir klopfen uns gegenseitig aufmunternd auf die Schultern und vereinbaren einen Treff in Bardai. Im Tibesti.

Die lange Leere nach Zuar

360 Liter Sprit sind in den drei Tanks auf dem Dach des Landrovers, dazu 100 Liter Wasser; der Lebensmittelvorrat ist gekrönt durch fünf Dosen „Alaska-Lachs in Cremesauce au poivron vert“ – französische Armeekost, hier bei einem Händler erstanden. Zwischen Gukuni und mich hat sich Hamid auf den Notsitz geklemmt.

Der kleine Militärchef des Tibesti wünscht uns gute Reise. Ob er nicht eben noch die Dusche im Auto sehen könne, von der man ihm berichtete? Die Elitesoldaten versammeln sich an der Hintertür meines Landrovers. Der blinzelnde Chef war daran beteiligt, von den Libyern hochgerüstetes Kriegsgerät im Wert von etwa einer Milliarde Dollar zu erbeuten; allein die Toyota-Ersatzteile dürften für die nächsten 100 Jahre reichen. Und nun steht er da und lauscht andächtig dem Surren der Wasserpumpe.

Im Rückspiegel sind kurz die Militärs zu sehen, bis sie der Staub verschluckt. Noch säumen Fayas stattliche Dattelpalmen den Weg, deren Kronen sich im kalten Wind raschelnd bewegen. Junge Setzlinge sind in den Sand gepflanzt. Dann wird die Welt um uns öd und leer.

Es ist, als ob sich bevorstehendes Unheil ankündigt. Heftige Böen treiben feinen Sand netzförmig über die Piste. Er fließt über Dünen und harte Grasbüschel, erzeugt unwirkliche Vexierbilder. Der schwer beladene Landrover mahlt über die kaum sichtbare Piste. Wir sind jenseits von Faya, jenseits des „realen“ Tschad.

„Stop!“ Der sonst so ruhige Hamid schreit es fast heraus. Der Adrenalinstoß kommt so heftig, daß ich den Motor abwürge. „Das ist keine gute Piste. Die Spuren sind alt.“ Hamid sagt es wieder ganz ruhig, mit mildem Lächeln. Er verschwindet mit knatterndem Mantel im Sandsturm.

Vorsichtig steige ich mit Gukuni aus, lege die Sandbleche hinter die Räder des zwei Tonnen schweren Wagens. Hamid erscheint auf einer Anhöhe, winkt uns heran. Also noch weiter durch unbekanntes, heimtückisches Gelände. Auch Gukuni versucht, sich Mut zu machen: „Das größte Risiko hat Hamid. Wenn er auf eine Anti-Personnel-Mine tritt, fehlt ihm der Fuß oder das ganze Bein. Verbluten wird er in jedem Fall. Uns zerfetzt es schlimmstenfalls nur die Reifen.“

Ich versuche einen Scherz – die Hände um das Lenkrad gekrallt, den Blick abwechselnd auf den winkenden Hamid und den tanzenden Staub vor uns gerichtet. „Es ist nur schlecht, wenn wir auf eine Panzermine fahren. Die sollte man lieber begehen.“ Das Lachen erstirbt mir zu heiserem Husten. Gukuni zündet sich eine neue Zigarette am Stummel der alten an. Irgendwann überholt

Mein Führer Hamid vor unserer Abfahrt aus Faya. Seine „traditionelle“ Laute besteht aus einem erbeuteten libyschen Stahlhelm.

uns ein Toyota mit „Combattants". Er verschwindet im Staub wie in dichtem Schneetreiben, doch die Spuren bleiben gut sichtbar. Die Spannung läßt langsam nach.
Der Sturm jagt nun Sandteppiche zwischen parallele Felsrücken, die von Nordost nach Südwest verlaufen. Der Passatwind hat hier im Borku ein gigantisches System von Windgassen ausgefräst. Oft liegen weiße, aerodynamisch geschliffene Gebilde wie tausendfach angehäufte Designer-Entwürfe neuer Automodelle herum: Sedimente aus Seekreide und Diatomit; organisches Material, das den Nordrand des einstigen Tschad-Meeres markiert. Er zieht sich über die Falaise (Steilwand) von Angamma und Galakka bis nach Faya.
Wie eine Insel im bewegten Meer tauchen hellgraue Würfel-Lehmhäuser auf: die Oasengruppe von Kirdimi. Der Dorflehrer trägt uns in ein zerfleddertes Buch ein. Ja, rechts liegt der Ort Yen. Und vor uns Ain-Galakka. Als Gustav Nachtigal dort 1871 mit Arabern der Uled Sliman eintraf, war Galakka wichtigste Oase der Region und Faya „nur" ein Brunnen. Hunderte von Menschen lebten hier. Jetzt nur noch ein zahnloser Alter. Ein paar Familien kommen manchmal von Yen herüber, um ihre kümmerlichen Gärten zu bestellen.
Am nächsten Morgen ist es fast windstill; eine blasse Sonne leuchtet schwach am grauen Staubhimmel. Der Alte zeigt uns stolz seine zwei Pferde – klapprige Mähren, und hier eher Statussymbol denn Nutztiere. Sein

Sandsturm westlich von Faya. Vertraute Dimensionen existieren nicht mehr. Wir tasten uns in ein unbekanntes Land.

Ain-Galakka ist eine fruchtbare Oase inmitten lebensfeindlicher Sandfelder. Die letzten Familien hat der Krieg vertrieben. Mauerreste und verzierte Tonscherben künden von einer Epoche, in der hier noch ein bedeutendes Kulturzentrum existierte.

Kamel haben die Libyer geschlachtet – sie vertrieben die letzten, hier noch wohnenden Familien. Aus einer Sandmulde strömt kühles, klares Süßwasser, bildet kleine Seen, in denen sich Palmen spiegeln: die berühmte Quelle von Galakka, Mittelpunkt eines verlassenen Paradieses.

Die Piste ist nun auf rund 200 Kilometern durch Balisen markiert: vier Metallstangen pro Kilometer, alle fünf Kilometer mit der Entfernungsangabe nach Zuar. Ein Werk des französischen LKW-Herstellers Berliet, dessen zweite Expedition Ende 1960 von Djado über Zuar nach Faya führte, um die Leistungsfähigkeit seiner Wagen unter Beweis zu stellen. Vor uns ein Lastwagen neueren Datums, ausgebrannt, die Fahrerkabine nur noch ein Klumpen Metall. „Panzermine", sagt Hamid leise. „Die Piste ist längst sauber, wir müssen uns nur an die Spuren halten", ergänzt Gukuni und zündet sich hastig eine Zigarette an. An zwei unzerstörten Jeeps sind Abschußvorrichtungen für leichte Raketen montiert. Auf fußballplatzgroßen Feldern liegen wie hingestreut Panzerfäuste und großkalibrige Munition. Die Libyer haben nach der Niederlage von Wadi Dum 1977 fluchtartig den Tschad verlassen.

Neue Panzer stehen im Sand. „Warum benutzt ihr sie nicht für eure Armee?"
„Wir brauchen sie nicht. Alle libyschen Panzer haben wir mit Toyotas und Panzerfäusten besiegt."
Die Wüste wird vollkommen flach wie ein gigantischer Billardtisch. Auch die Balisen sind verschwunden; keine libyschen „Souvenirs" liegen mehr in Sichtweite. Die Sonne berührt den Horizont, wir halten an. Gukuni und Hamid bauen das Kuppelzelt auf, in dem sie schlafen wollen; es gibt Kartoffel-Gulasch-Erbsen-Risotto mit Sandkruste.
Am nächsten Morgen startete ich zu einer Jogging-Runde. Verwitterte, eisenhaltige Steine zerspringen bei der kleinsten Berührung. Aus dunkelbraunen Felsrücken ragen linealgerade, geometrisch ausgerichtete, scharfe Stege wie Planken eines verrostenden, gestrandeten Schiffes. Vor mir dehnt sich eine konturlose, verschwimmende Fläche, in der es nur meinen überlaut rasselnden Atem und den eigenen Schatten gibt. Ich ändere die Richtung, vor mir noch die eigenen Spuren – die Konturen unseres Lagers sind nicht mehr zu sehen. Ein Gefühl unendlicher Verlassenheit kommt auf. Ich laufe erst langsamer, als fern die Silhouette des Landrovers hinter einer Bodenwelle auftaucht.
Am Nachmittag erreichen wir Lavafelder, erste Ausläufer des Tibesti. Doch so tröstlich

auch naher Horizont, dürre Akazien, Spuren von Savannenhasen und Gazellen sind – das Terrain ist mörderisch. Zwischen dem bröselnden Gestein liegen Felder mit pulverisiertem Sand, aus dem steinerne Verwitterungsreste wie aufgestellte, tückische Messer ragen und die Reifen zu zerschneiden drohen. Vom nächsten Steinplateau aus wird die Weiterfahrt abgesteckt. Dazwischen sanden wir immer wieder ein: gemeinsam Bleche vor die Reifen legen, anfahren, wieder einsanden – oftmals in der ganzen Breite eines Staubflusses.

Irgendwann symbolisiert ein sterbendes Tal das Leben. Es gibt nur noch einige Dum-Palmen, selbst die meisten Akazien sind tot. Hier wohnen Tubu. Eine Frau verschwindet in ihrem Mattenzelt. Sie trägt ein schwarzes Kleid mit roten Rosen: Kampferklärung an die Wüste.

Ungefähr 100 Kilometer vor Zuar führt die Piste an einen Felsenkessel. Zwei Soldaten in Tarnanzügen winken uns heran, unverkennbar Leute aus dem Süden. Die Kontrolle ist freundlich und kurz. Schwarzer Basalt wird durch hellflaumige Gräser und drei Raben aufgelockert, die wie zum Geleit eine Weile tief vor uns her fliegen. Kurz vor Zuar zerreißt ein trockener Knall die Stille. Hauptmann Gukuni greift im Reflex an seine rechte

Aufgegebener libyscher Panzer zwischen Faya und Zuar, West-Tibesti.

Hüfte – und erinnert sich daran, daß er waffenlos auf diese Mission beordert wurde, die ihm sichtlich immer weniger behagt. Ich halte an und blicke unter den Wagen: Eines der hinteren Federpakete ist zur Hälfte gebrochen. Wir rumpeln im letzten Sonnenlicht in ein blutrot angestrahltes Amphitheater: Zuar. Es besteht aus halbkreisförmigen, schroffen Felswänden, während sich das Bühnenbild in der Ebene bescheiden ausnimmt. Stroh- und Lehmhütten stehen weitverteilt zwischen Akazien auf sandigem Grund. Gespielt wurde auf dieser Bühne mit wechselnden Akteuren seit 1913 immer das gleiche Stück: Krieg und Frieden.
Im Juni 1913 langte hier die „Kolonne Löfler", aus Bilma kommend, mit 270 Mann und über 600 Kamelen an. Löflers Meldung zwei Monate später verriet schon die Probleme: „50 Tubu-Familien sind unterworfen." Tibesti wurde nie wirklich kolonisiert. Im Zweiten Weltkrieg gab es 1942 andere Dimensionen als Löflers 40 sichergestellte Steinschloßflinten: Zuar bildete den Stützpunkt der Truppen von General Leclerc, der von hier nach Süd-Libyen vordrang und die deutsch-italienischen Truppen von der Südflanke her erfolglos angriff. 5000 Soldaten, 800 Lastwagen und 18 Flugzeuge waren hier konzentriert. Auto-Karosserien Baujahr 1939 liegen noch immer in einem Seitental und sind bis heute unerschöpfliche Materialquelle für die ansässigen Schmiede.
Der junge Kommandant begrüßt uns wie alte Freunde. Er zaubert einige Flaschen kalten „Gala"-Bieres auf den wackeligen Holztisch. Nebenan hören wir Gegacker, heftiges Flattern und den erstickten Schrei eines Hahnes. Dann läuft ein weißes Huhn um sein Leben, verfolgt vom Koch. „Leider ist mir die Überraschung des Abendessens mißglückt. Sicherlich ahnen Sie schon, daß es Brathähnchen geben soll."

Felsnadeln im Niemandsland

Mit neuen Blattfedern reisen wir weiter nach Nordwesten – Geschenk des Kommandanten von Zuar, einem libyschen Beutestück entnommen. Es geht durch tote Flußbetten, auf Schotterpisten rüttelnd und ratternd. Obgleich wir schon am westlichen Ausläufer des Tibesti sind, ragt es nicht als die erhoffte wuchtige Kulisse in den Himmel. Das Tibesti versteckt sich hinter Talschluchten, verwitterten Plateaus und Kegeln aus schwarzem Tuff.
Links fällt der Blick auf flache Sandwüste, die sich fast 1000 Kilometer nach Westen über die Ténéré in Niger fortsetzt. Von der heißen Luft schlierig verzerrt, ragen dunkelblaue, spitz gezackte Inselberge wie wundersame Kathedralen. Sehnsüchtig betrachte ich die surreal wirkenden Gebilde mit dem Fernglas.
Die Inselberge im Grenzland zwischen Tschad und Niger scheinen mir unerreichbar fern, denn ihr Besuch wurde von den Behörden in N'Djamena abgelehnt. Sie stehen nicht auf dem „Permis de circulation". Doch nach den guten Erfahrungen in Zuar will ich einen Versuch wagen.
Die Gegend untersteht dem Kommandanten von Wur – kein Ort, sondern ein langgestrecktes Tal mit Dum-Palmen. Hinter ihnen getarnte Geländewagen und Flugabwehrgeschütze, Jeeps mit seitlich montierten Pan-

Kein ästhetischer Anblick. Doch unsere appetitlich angebotenen Schnitzel beruhen auf dem gleichen Prinzip. Und bei den Tubu stillt die Jagdbeute wirklichen Hunger.

zerfäusten. Dazwischen spielen Kinder, gehen Frauen in bunten Wickelröcken zum Brunnen. Schätzungsweise 3000 Soldaten aus dem Süden leben in solchen „Wehrdörfern". Die meisten vegetieren hier schon seit Jahren mit ihren Familien.

Wir werden beim „Doktor" untergebracht. Harun ist Mitte 20, wie fast alle ein Sara aus dem Süden des Tschad, leistet hier als Krankenpfleger seit zwei Jahren den Militärdienst ab. Wie lange? „Bis sie mich zurückrufen. Hoffentlich vergißt es keiner." Außer ein paar Pflastern und Aspirin hat er so gut wie nichts im kleinen Wandschrank seines winzigen Lehmhauses. Sold bekommen die meisten hier schon seit Monaten nicht mehr, Heimaturlaub ist unbekannt. Die libysche Aggression war Rechtfertigung für alle Opfer, die Diktator Hissène Habré aus seinen verarmten Bürgern preßte – inklusive einer Kriegssteuer von 15 Prozent.

Es war nicht ihr Krieg, und nun ist seit 1987 Frieden ausgebrochen. Langeweile hängt in der Luft. Billiger „Argi" aus vergorenen Datteln macht die Runde: 80 Prozent, oft zur Hälfte Methanolalkohol. Viele sind schon morgens betrunken, einige verlieren durch das Zeug ihren Verstand.

Der Kommandant ist ein knochiger Araber aus Faya mit stechenden, aber nicht unsympathischen Augen. Auf großen Kupfertellern wird gesäuertes Fladenbrot mit einer Vielzahl von Saucen, Ragouts und gebratenem Fleisch serviert; gemeinsam nach dem „Bismallah", dem Segensspruch, mit den Händen gegessen.

„Die Felsnadeln sind ja nicht weit. Ich würde sie gern besuchen." Ich versuche, es möglichst gleichgültig zu sagen. Die Gesichtszüge des Militärs bleiben unbewegt. Er nippt an seinem Tee, wechselt das Thema: Fußball und die Qualität deutscher Autos. Es gibt wieder Tee, Gebäck – und höfliches Hinauskomplimentieren in die grelle Helligkeit.

Am Nachmittag fährt ein Toyota-Pickup vor. Ein älterer Veteran mit ledrigem Adlergesicht und umgeschnallter schwerer Pistole steigt aus. Er stellt sich als Sidi Djirei vor: „Ich soll Sie zu den Felsen begleiten. Wir können sofort los. Folgen Sie genau meinen Spuren."

Es geht so schnell, daß weder Freude noch Angst aufkommen. Am ehemaligen Flugfeld zeigt er uns Anti-Personnels, Dutzende. Die Minen sind säuberlich aufgereiht. „Ungefähr 300 haben wir ausgegraben, aber hier liegen noch viel mehr." Alle früheren libyschen Stellungen waren von dichten Minengürteln umgeben.

Zentimetergenau folge ich Sidis Wagen. Die abgefahrenen Reifen hinterlassen kaum Spuren im harten, wie Neuschnee leuchtenden Sand. Er hält an einem abgestorbenen Baum – Feuerholz für den Abend. Hier gibt es keine Minen mehr.

Kopf und Augen werden frei für die steinernen Skulpturen – verwunschene Burgen, die zu einzelnen Pfeilern und nadelspitzen Türmen „zersägt" sind. Sie werfen kilometerlange Schatten. Der Sand ist grobkörnig, rein und sanft gewellt. Während Sidi mit seinem Tubu- Begleiter der Spur von Gazellen folgt, blicke ich wie ein staunender Zwerg auf das Werk von Riesen. Die Vorstellung, innerhalb der Grenzen eines Staates dieser Erde zu sein, erscheint absurd.

Die Monumente in der Arkafiéra-Ebene sind bis zu 400 Meter hohe Reste einer fast gänzlich aufgelösten Sandsteintafel. Der Nordost-Passat wird durch das Tibesti zu einem Umweg gezwungen und erhöht dadurch seine Geschwindigkeit. Durch Temperaturunterschiede, selektive und auch flächendeckende Abtragung sind härtere Partien einer Ur-Sandsteintafel als isolierte „Zeugenberge" stehengeblieben.

Am frühen Morgen hat Sidi eine frische Gazellen-Fährte entdeckt und verabredet sich mit uns bei den „Aiguilles de Sissé" – einem gewaltigen Felsendom in Sichtweite. Es ist faszinierend, hier zu fahren. Es ist schön, nicht einzusanden und äußerst schonend für die Nerven, diese Gegend frei von Minen zu wissen. Der Steinkomplex vor uns löst sich in einzelne Türme auf, von denen zwei freistehende Giganten über 250 Meter hoch aus wannenförmigen Vertiefungen aufragen.

Sidi kommt zurück. Auf der Ladefläche liegt eine männliche Damas-Gazelle – die Augen gebrochen, der Hals durchschnitten. Wir fah-

Ein Teil der bizarren Inselberge am Westrand des Tibesti. Als „Aiguilles de Sissé" sind sie auf Karten vermerkt – bis zu 300 Meter hohe Felsnadeln, Produkt jahrmillionenlanger Schleifarbeit von Sand und Passatwinden.

ren wieder in Richtung Wur. Dahinter ist von hier die bläuliche, kompakte Masse des Tibesti und der abgeflachte Vulkankegel des Tussidé zu sehen: ein Gigant von 3264 Metern, zweithöchster Berg des Massivs. Unser nächstes Ziel.

Sidi verspricht uns eine Antilopenkeule für die Weiterfahrt, der Tubu-Begleiter hängt das Tier mit seinen lyraförmigen Hörnern in eine Akazie, balgt es ab und bricht es auf. Gukuni schleppt totes Holz heran. Bald qualmt ein Feuer, und zum ersten Mal kommen Grillgitter und mein „Buntes Pfeffergewürz" zum Einsatz. Wir rösten Leber, Nieren, Herz und etwas Fleisch.

„Hier wird noch fair gejagt. Ich gebe nur einen Schuß ab und schieße nur ein Tier. Möglichst ein männliches. Außerdem haben sich die Gazellen stark vermehrt, seitdem die Gegend vermint ist. Man kann ihnen eben nicht mehr überallhin folgen."

Trotzdem sind Mendesantilopen auch hier rar geworden – in den wenigen wasserführenden Tälern des Tibesti leben Tubu, Meister im Fährtenlesen. Und gejagt wird nicht mehr mit dem Speer, sondern mit der Kalaschnikow. Sidi schenkt uns zum Abschied die Keule und einen der hiesigen Aschenbecher – den runden, in Segmente aufgeteilten Zünder einer Panzermine. Ich nehme es als gutes Zeichen. Das Zentral-Tibesti gilt als „sauber", die noch verminte Einstiegspiste ins Gebirge wurde durch eine neue Route ersetzt. „Sie ist nicht sehr gut", lächelt Hamid, als wir ihn in Zuar zurücklassen.

Früher Morgen im Wunderland aus Sand und Fels. Ganz hinten die Felsgruppe von Sissé.

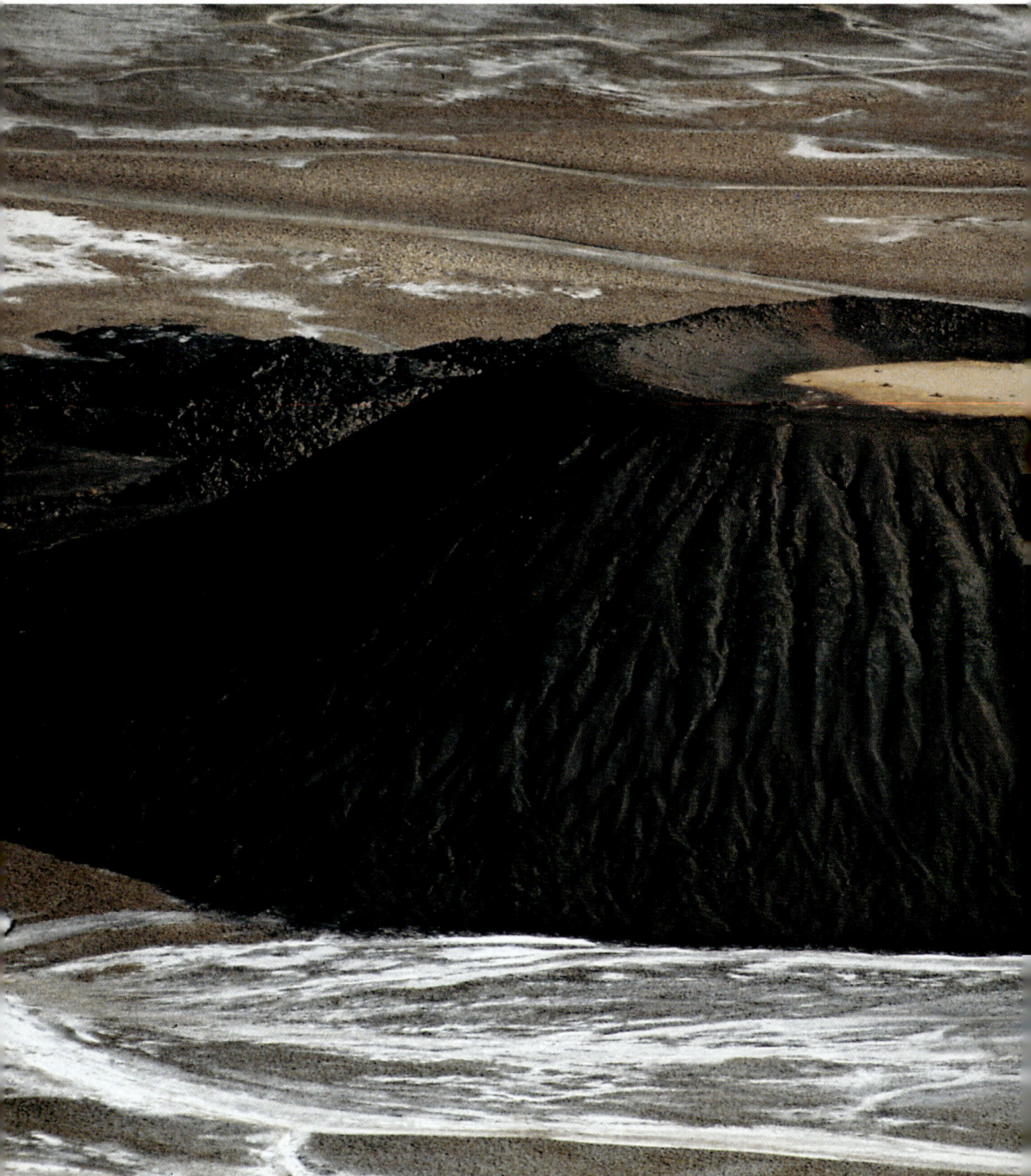

Ins „Bergland des Hungers“

Das Enneri Tao liegt eine gute, mäßig holprige Autostunde von Zuar in Richtung des 160 Kilometer entfernten Wur. „Enneris" heißen die Trockentäler im Tibesti, die man sonst üblicherweise in der Sahara „Wadi" nennt. Es ist eines jener ungezählten, sandigen Flußbetten, die sich nach seltenen, dann meist heftigen Regenfällen in reißende Ströme verwandeln. Der Sand- und Lehmboden speichert noch jahrelang Feuchtigkeit; dort wachsen oft Futtergräser, „Kameldorn"-Akazien, Dum-Palmen oder zu Büschen verkümmerte Tamarisken, wo es um die Zeitwende noch ganze Galeriewälder gab. An den Ufern türmen sich Felsbrocken.

Die Behelfspiste folgt zunächst dem Enneri Tao, an dessen Oberlauf Gustav Nachtigal in das Tibesti einreiste – und gleich Probleme mit erpresserischen Tubu bekam. Alle Enneris hier beginnen zwischen 2000 und 3000 Meter Höhe. Und dahin führt der Weg. Es geht bald über kopfgroße Steine, in den Fels gesprengte Treppen und fast halbmeterhohe Absätze. Hat das geschundene Fahrzeug einmal etwas weniger Steigung zu bewältigen, drohen zimmergroße, stein- und staubgefüllte Mulden.

Staubbedeckt erreichen wir den Rand des Hochplateaus: 30 Kilometer Strecke und rund 1500 Meter Steigung in sechs Stunden. Tief unten liegen die Sandfelder mit ihren Inselbergen. Durch die Entfernung linsenförmig verzerrt, scheinen sie über großen, silbrigen Seen zu schweben. Hier oben haben

Die Nacht war bitterkalt. Aus der Dämmerung schneiden sich 900 Meter unter mir nie gesehene Konturen: das „Trou au Natron".

sich einzelne dornenstarrende Akazien in schwarzen Lavafeldern festgekrallt. Kein Mensch, kein Tier ist zu sehen. Das Tibesti empfängt uns mit bedrohlich wirkender Stille.

Wie ein riesiges „V" mit einer Flankenlänge von jeweils 400 Kilometern ragt das 100 000 Quadratkilometer große Gebirge aus den umrahmenden Sand- und Kiesmassen. Im Süden des Ostsporns erhebt sich der Emi Kussi, mit 3415 Metern höchster Berg der Sahara. Vor etwa zwei Milliarden Jahren – auf ein paar Millionen kommt es bei dem Zeitraum nicht an – bildeten sich zwei große tektonische Achsen. Der Urkontinent Afrika aus Graniten und Schiefern wölbte sich mitsamt seinen Deckschichten aus Sandstein auf. Es kam zu gigantischen, vulkanischen Aktivitäten. Vor etwa zwei Millionen Jahren ergossen sich Lavamassen über Sandsteinplateaus. Noch im Quartär (bis vor 700 000 bis 10 000 Jahren) wurden Täler von Basaltströmen verschüttet.

Letzte aktive Zeugnisse des Vulkanismus sind die „Donnerquellen" von Soborum, ein Dreitagesritt mit dem Kamel von Bardai aus nach Süden. Gustav Nachtigal hörte schon davon, wurde aber in Bardai festgehalten. Das „Baden-Baden der Tubu" wird seit Jahrhunderten von Kranken aufgesucht, die sich im heißen, schwefelreichen Wasser natürlicher Thermen vor allem eine Linderung rheumatischer Beschwerden versprechen. In dantesker, oft mineralisch farbiger Landschaft fauchen Geysire und blubbern kochende Schlammblasen.

Alle Großvulkane sind erloschen und zum Teil in enge und tiefe Schluchten erodiert, wie der Tarso Voon und Tarso Toon. Ihre kreisrunden Kraterlöcher haben einen Durchmesser zwischen zehn und 17 Kilometern – Einbruchscalderen, die beim Abklingen der vulkanischen Aktivitäten absackten. Die Lavamassen bedecken ein Viertel des Tibesti. Das älteste Kernstück des Massivs ist das Tarso Tieroko (2910 Meter), eine wild zerklüftete Vulkan-Ruine. Dort treffen sich die horizontal und vertikal verlaufenden Gebirgsachsen.

Noch einmal geht es ein Stück weit durch das Enneri, dessen eng zusammenstehende Basaltwände wirken, als seien sie aus dunklem Beton gegossen. Nach letzten Steilstufen ist das Tarso erreicht – eine der Ebenen in etwa 2000 Metern Höhe, die bis zum Horizont mit Vulkaniten gefüllt und durch Erosion in mächtige Bastionen zerschnitten sind. In dem alptraumartigen, scheinbar unendlichen Steinbruch, der trostlosen Mondlandschaft gibt es verborgene Enneris. Sie dienen den letzten Tubu des Tibesti als Weidegründe für ihre Ziegen und Kamele.

Kilometerweit erstrecken sich plötzlich glatte Quader, die einer alten Römerstraße ähneln. Mosaikartig eingefügt, vom Sandwind in Jahrmillionen geebnet und poliert, sind es Reste zerfallener Gesteinsschichten. Aus der düsteren Hochfläche erhebt sich vor uns der gewaltige Kegel von Tussidé. Zu seinen Füßen öffnet sich ein zerborstener Riesenkrater das „Trou au Natron“ (Natronloch).

Der Weg nach Bardai führt nur 20 Meter am Abgrund vorbei. Voll innerer Spannung balanciere ich über Lavabrocken an den Rand. Plötzlich fällt der Blick ins Leere, fängt sich einen Kilometer weiter unten. Dort wächst aus weißer Salzkruste ein ebenmäßiger Vulkan wie die Miniaturausgabe des Fujijama. Fünf Kilometer entfernt steht eine senkrecht abfallende Felswand, von der untergehenden Sonne in fast kitschiges Lila getaucht. Erst nach einer Weile wird klar: Es ist die andere Seite des Einbruchkraters. Knapp drei Kilometer weiter liegt das Petit Trou des Doon Kinimi mit „nur“ 300 Metern Tiefe und anderthalb Kilometer Durchmesser.

Als ich noch sprach- und atemlos zu unserem nahen Lagerplatz gehe, hat Gukuni schon das Zelt aufgebaut und ist mit der Zubereitung der Antilopenkeule beschäftigt. Mit der Dunkelheit kommt schlagartig die Kälte. Wir sind auf fast 2500 Meter Höhe, es ist Mitte Februar – kältester Monat im kalten Tibesti. Mit Handschuhen, Schal und Mütze kauern wir an einem winzigen Feuer. Bis auf ein zweites Paar Schuhe ziehe ich alle verfügbaren Kleidungsstücke übereinander an und trinke den letzten Whisky in homöopathischen Dosen. Morgens um sechs zeigt das Thermometer vor dem Zelt minus zehn Grad. Das Wasser in der Schüssel ist zu einem Eisblock gefroren. Wie Polarforscher vermummt, kochen wir einen belebenden Kaffee, bevor ich mit Stativ und Kameras zu einem Ausflug aufbreche. Halsbrecherische Saumpfade führen auf den Kratergrund; ein Fehltritt, und man stürzt unweigerlich in die Tiefe. Tubu steigen hier oft leichtfüßig hinunter, um Natron für ihre Tiere zu holen oder Wunden in der Salzlauge zu spülen. Vor etwa 10 000 Jahren existierte hier ein rund 500 Meter tiefer See. Alle Strapazen und Risiken meiner bisheri-

Seit zwei Tagen sind wir keinem Menschen mehr begegnet. Die Stille ist absolut.

gen Reise sind nichts im Vergleich zu den Abenteuern von Gustav Nachtigal im Tibesti. Relativ spät – längst waren Timbuktu und der Nigerlauf erforscht – verschwand durch ihn ein großer weißer Fleck von der Landkarte. Einige Jahre zuvor versuchten von Beurmann und Gerhard Rohlfs erfolglos, ins Tibesti zu gelangen; auch Eduard Vogel konnte nur mutmaßen: „Östlich von hier, in Tibesty, müssen aber sehr hohe Berge liegen, der von dort wehende Winde ist bitter kalt." Der in Tunis geborene Scheich El-Tunisi war etwa 50 Jahre vor Nachtigal auf seinem Rückweg von Wadai auch im Tibesti – aber wohl nur sehr kurz: „Das Gebiet der Tibbu starrt von steilen und nackten Felsen und bietet eine traurige und kärgliche Vegetation." Was aber ganz sicher war: Die Bewohner galten als arm, räuberisch und fremdenfeindlich.

Dies war in etwa Nachtigals geistiges Rüstzeug. In Murzuk (heute Süd-Libyen) angekommen, hätte der Forscher auf seinem Weg zum Tschadsee Monate auf eine Handelskarawane warten müssen. Also nutzte er die Zeit zu einem „Ausflug nach Tibesti", der ihn und seine Begleiter gleich mehrfach fast das Leben gekostet hätte. Vergeblich versuchte ihn sein Diener Mohamed El-Gatroni von dem Vorhaben abzuhalten – er führte schon 15 Jahre vorher Heinrich Barth. Am 6. Juni 1869 verließ die kleine Karawane Murzuk. Eine doppelte Lüge sollte alle in äußerste Schwierigkeiten bringen: Der Führer Kolokomi gab vor, die Route genau zu kennen und aus einflußreicher Familie im Tibetsi zu stammen.

In der Hochebene von Afafi (heute nordöstlicher Teil der Republik Niger) verlor er die Orientierung. Das Wasser ging zur Neige, durch den beginnenden Sommer stand den Männern der Tod vor Augen. Nachtigals italienischer Koch verteilte das restliche, von der Nacht eisig gekühlte Wasser: „Gierig zogen wir, mit schmerzlichem Bedauern, daß es nicht mehr sei, den letzten Tropfen ein." Zum Schluß kam Kolokomi. Er kühlte damit nur seinen Mund, „spritzte es in langem Strahle durch eine Zahnlücke von sich ... und reichte mir den Rest mit dem Bemerken, daß er noch keinen Durst habe, daß wir als Leute des Wassers diesen erst beginnenden Mangel nicht ertragen können ... Der Mann imponierte mir, wie er, ausgetrocknet gleich den öden Gefilden seiner Heimat, hart und schroff wie die Felsen seines Landes, nichts von seiner Energie eingebüßt hatte." Bald brachen die Kamele zusammen, dann erwarteten die Männer unter Qualen den Tod durch Verdursten. Im letzten Moment kam Kolokomi auf seinem Kamel mit gefüllten Wasserschläuchen. Einen Monat nach dem Aufbruch erreichten sie schließlich die düster-abweisende Felsbastion des Tibesti. An Übertreibungen der Einheimischen gewöhnt, suchte Nachtigal den Tussidé-Vulkan „innerhalb einer bläulichen Färbung" eines großen Teils des Horizonts – und erkannte mit Erstaunen, daß dies der Berg war.

Zwei Tage später gelangten sie in das Enneri Tao. Es war die Zeit des größten Hungers – harte Wochen vor der Dattel- und Getreideernte, in der die meisten Tubu gen Bardai zogen. Dort gab es zumindest ausreichend Wasser. Auch der Derdei (das Oberhaupt aller Tubu) bereitete mit großem Gefolge seine Abreise vor.

Auf welche geröllbedeckte Anhöhe ich auch steige – der Blick fällt auf Gestein und abweisende Lavafelder. Es scheint, als erforschten wir einen fremden Planeten.

Der Forscher traf ihn nicht mehr an – nur noch zurückgebliebene „Edle" seiner Entourage, „die mehr einer Bande verhungerter und zerlumpter Banditen ähnelten, als einer Versammlung der Vornehmsten ihres Stammes." Sie verschlangen wertvolle Lebensmittel, erpreßten „Zölle", in tagelangen Verhandlungen zahlreiche Geschenke und gaben zynische Weisheiten von sich: „Viel Besitz tötet seinen Herrn!" Mißtrauen kam auf: „Wer so viel Geld opfere, müsse notwendigerweise gewinnsüchtige Pläne verfolgen." Fast zwei Wochen verbrachten sie mit einer wachsenden Schar von Erpressern, nun selbst ohne Lebensmittel. Den angeblichen Tubu-Noblen, ihren Begleiter Kolokomi, ignorierten die „Besucher". Nachtigals neuer Führer wurde der wirklich einflußreiche Arami. Der Derdei war informiert worden, kam aber nicht. Nachtigal erwog die Rückkehr in den Fezzan, doch seine Neugierde war stärker. Hungrig begann er den viertägigen Marsch durch die großartige Landschaft, nun direkt am Natronloch vorbei. Die Tubu eilten über Felsbrocken und steile Schutthänge voran: für Nachtigal und seine Begleiter eine qualvolle Kletterei mit wunden Füßen, zehn bis 15 Stunden täglich.

Staunend stand Nachtigal am Kraterrand des Natronlochs, dessen Tiefe er mit nur 50 Metern angab – in Wirklichkeit ist es fast zwanzigmal tiefer. Körperliche Erschöpfung führte wohl zu dieser krassen Fehleinschätzung. Noch nie war ein Europäer hier gewesen – um so mehr bedauerte er die mißlichen Umstände. So schleppten sie sich weiter durch das Tal von Odingueur, wo Nachtigal Felsgravuren von Rindern entdeckte.

Es kamen Palmen und erste Behausungen von Bardai in Sicht, „als plötzlich ein dumpfes Brausen, ein verdächtiges Geräusch an unser Ohr drang, das von zahlreichen schreienden und tobenden menschlichen Stimmen herzurühren schien." Atemlos hielten alle an. Schon näherten sich Männer mit Wurfeisen, kreischende Frauen und Kinder: Empfang in Bardai. Würde der Heide nicht Unglück bringen, Sonne und Mond vom Himmel holen können?

Arami trotzte dem Volkszorn und brachte die Gruppe in Sicherheit. Nun wurde das heiße Zelt für Wochen Nachtigals Gefängnis. Als er zweimal den kühlen Palmenhain aufsuchen wollte, trieben ihn Jugendliche mit einem Steinhagel zurück. Der Derdei, ein müder Greis, zog die Verhandlungen bewußt in die Länge, um noch mehr herauszupressen.

„Da lag vor mir das malerische Tal ... mit seinem erfrischenden Grün und seinem köstlichen Schatten; da vollzog sich in meiner unmittelbaren Nähe das Leben seiner Bewohner ... in Sitten und Ideenkreisen, die ich so gern beobachtet und betreten hätte; und ich, auf den nackten Felsboden gebannt, der sengenden Sonne, dem Hunger und dunkler Besorgnis anheim gegeben, konnte mich nur in stiller Resignation üben."

Es kamen schlimme Nachrichten aus dem Fezzan: Die reiche Amateur-Forscherin Alexandrine Tinné, eine Holländerin, war von Tuareg ermordet worden. Sie hatte Murzuk zur gleichen Zeit wie Nachtigal verlassen. Nun forderten viele in Bardai offen den Tod der Gefangenen. Nachtigal besaß noch seine Gewehre, aber ihr Einsatz gegen die übermächtigen Tubu wäre selbstmörderisch gewesen. Die einzige Rettung lag in der Flucht. Der Forscher konnte seinen „Beschützer" Arami zur Hilfe bewegen – natürlich nur gegen Versprechungen weiterer Geschenke. Ein Kamel mußte er zum dreifachen Preis mieten, zwei andere besaß Arami. Unter dessen Führung brach die kleine Karawane nachts auf, fast vier Wochen nach der hoffnungsvollen Ankunft Nachtigals in Bardai.

Von wochenlangem Hunger geschwächt, brachten die nun folgenden Gewaltmärsche, der steile Abstieg über die Nordwestflanke Tibestis alle an den Rand des Zusammenbruchs. Dazu kam das Gefühl vollkommener Abhängigkeit von Arami und dessen Gefolge. In der Ebene rissen sie alle noch verbliebenen Habseligkeiten mit Ausnahme der Waffen an sich. Den letzten Maria-Theresien-Taler mußte Nachtigal opfern und sogar noch Schuldscheine unterschreiben. Es spricht für seinen Charakter, daß er der aufkommenden Versuchung nicht nachgab, seine Waffen zu benutzen und es endlich den Peinigern heimzuzahlen.

Nun begann die letzte Etappe durch wasserlose Wüste nach Murzuk – ein wahrer Wettlauf mit dem Tod. Nur noch zwei bis drei Stunden hintereinander konnten sich die Erschöpften in Richtung der Quellen von Tümmo (heute an der Grenze von Niger

Die mondähnlichen, düsteren Hochflächen, Tarsos, werden gelegentlich von Trockentälern durchzogen, den Enneris. Hier behaupten sich letzte Akazien gegen den Tod.

nach Libyen) schleppen. Die Kamele mußten entladen werden, dann blieb der Italiener zurück. Nachtigal hatte nicht mehr die Kraft, ihn voranzutreiben. Sie stießen überraschend auf einen Brunnen und beschlossen, dort einige Ruhetage einzulegen.

Als sie am nächsten Abend bei einer Mahlzeit aus Mehlbrei mit weichgeklopften Sehnen und Knochen saßen, „erschien plötzlich eine seltsame Gestalt, die langsam auf uns zuschritt. Es war der Italiener Giuseppe, und sein Äußeres übertraf noch an Sonderlichkeit seine Gemütsverfassung". Er trug nur noch Gummistiefel und sein Hemd, das er sich als Schurz um die Hüften gebunden hatte.

Als die elende Karawane den Brunnen nach einigen Tagen verließ, erhielt jeder 50 Datteln: Nahrung für die nächsten fünf Tage. Dann brachen nacheinander die Kamele zusammen, und sieben Männer mußten nun ihren Wasservorrat auf den Schultern tragen. Sie marschierten nur noch nachts und „beinahe jede Stunde legten wir uns nieder, um Kräfte für die nächste zu sammeln". Selbst in der Situation gelang Nachtigal noch eine selbstironische Beschreibung: „Ali und Sa'ad in adamischer Einfachheit gekleidet...

ich selbst endlich barfuß, die Beine mit baumwollenen Fetzen umwickelt, welche man mit kühnstem Euphemismus nicht mehr als Beinkleider bezeichnen konnte, doch den Oberkörper in einen arg mitgenommenen Pariser Sommerrock gehüllt und keuchend unter der Last zweier Gewehre ..." Dann zeichnete sich die Silhouette des Palmenhains von Tedjeri ab. „Wir waren gerettet! Unsere Ankunft brachte eine große Aufregung in dem kleinen Orte hervor." Niemand glaubte nach den vier Monaten mehr an eine Rückkehr der Gruppe. Über Gatrun kehrte Nachtigal nach Murzuk zurück – als Sieger, doch schwer gezeichnet von den Strapazen.

Trotz aller Schwierigkeiten im Tibesti brachte Nachtigal nicht nur Karten und Wegskizzen zustande, sondern auch einen ebenso glänzend geschriebenen wie detaillierten Bericht über Lage, Größe und Bewohner des Tibesti. Er blieb für die folgenden 40 Jahre die einzige Information, bis der Franzose Tilho ab 1912 das abweisende „Bergland des Hungers" bereiste.

Noch einmal lebte Nachtigal für zwei Jahre als deutscher Generalkonsul in Tunis. Die Zeit „wertfreier" Forschung war endgültig vorbei, das Zeitalter des Kolonialismus erreichte im Wettlauf um Afrika seinen Höhepunkt. In Kamerun und Togo gründete Nachtigal die deutschen Kolonien und starb vor Las Palmas auf hoher See 1885 an seinem alten Lungenleiden, gerade 51 Jahre alt. Sein Grab liegt in Duala, Kamerun.

Als wir die Nacht schon erwarten, füllt sich der Himmel noch einmal mit Farben.

Fels-Bilderbuch der Geschichte

Hinter dem Natronloch kommen uns am Vormittag Militär-LKWs entgegen. Es sind die ersten Fahrzeuge, seitdem wir am Vortag in die Fels-Bastion des Tibesti aufgebrochen waren: schwere Sattelschlepper, Tankwagen und ein Kühlwagen, aus dessen kleinen Fenstern neugierige Soldaten schauen. „Von den Libyern, alles deutsche Fabrikate, ganz neu“, erklärte Gukuni stolz.

Fröhlich holpern wir auf einer mäßigen Felspiste in Richtung Bardai – 90 Kilometer oder drei Stunden, wenn der Weg nicht schlechter wird. Verglichen mit den gestrigen Etappen gleicht er fast einer Asphaltstraße. Doch sehr bald muß ich meine optimistische Prognose in ein fatalistisches „Inschallah“ abändern. Ohne Vorwarnung beginnen tiefe Staubfelder, in denen immer wieder scharfkantiger Fels lauert. Lastwagen haben Lehm und Sandstein der Piste in grauenhafte Äcker mit aufgepflügten Furchen zermahlen. Oft geht es hustend im Schrittempo ohne jede Sicht weiter. Der Staub quillt wie dunkler Rauch die Scheiben hoch, steht dicht im Innern.

Wieder sehen wir aus wie Arbeiter eines Zementwerkes nach der Schicht. Nach drei Stunden, die sich wie Tage dehnen, wird die Piste besser – noch immer mit Felsbrocken und Geröll bedeckt, aber ohne die tückischen Staublöcher. Der Weg führt nun mitten durch die Basalt-Schlucht von Odingueur. Hier fand Nachtigal 1869 auf seinem mühsamen Weg nach Bardai „gigantische Sandsteinblöcke“ mit Felsgravuren: „Die Gegenstände der künstlerischen Darstellung sind fast ausschließlich Rinder.“ Da er von seinen Begleitern abhängig war und seine Erschöpfung ständig wuchs, hatte der Forscher keine Zeit, Skizzen anzufertigen.

Hinter dem Wagen pinkelt Gukuni – und hört nicht mehr auf. Ein vorsichtiger Blick: Im scharfen Strahl läuft der wertvolle Sprit aus dem aufgeschlagenen Tank. Schnell eine Waschschüssel untergestellt, dann einen Kanister. Mit dem verbleibenden Rest müßten wir nach Bardai kommen. Ich verfluche das Malheur, werde aber trotzdem nicht auf einen Besuch des Enneri Gonoa kurz vor Bardai verzichten. Dort befindet sich nicht nur die größte Ansammlung steinzeitlicher Felsbilder des Tibesti – das Gebiet gilt auch als bedeutendste Gravuren-Ansammlung der Sahara aus der „Jäger-Epoche“.

Eine Fotokopie aus dem Buch von Dr. Christoph Staewen zeigt deutlich die Schnittlinien von zwei spitzwinklig zusammenlaufenden Trockentälern und der Piste. Kein Zweifel – hier muß das Enneri beginnen. Akazien stehen im Tal, ein Mädchen in zerrissenem, geblümten Kleid hütet seine Ziegen. Am Rand türmen sich Felsbrocken. Noch zögernd wate ich durch den weichen Sand zu einem schrankgroßen, von der Steilwand wie abgespaltenen Gestein.

In den glatten Fels sind Abbildungen dreier ungefähr einen Meter hoher Rinder mit weitausladenden Hörnern geschlagen. Diese künstlerische, in fünf Jahrtausenden nicht verwitterte Botschaft einer längst untergegangenen Hirtenkultur berührt mich tief. Alle Anstrengungen und der beklagenswerte Zustand des Fahrzeugs sind vergessen. Eine Zeitenreise in die grüne Sahara beginnt – dokumentiert durch steinerne Bilder.

Als diese Rinderfiguren in den Fels geschlagen wurden, gab es kaum noch Wildtiere. Bald begann die Vertreibung aus dem Paradies, das wir jetzt Sahara nennen.

Auch wenn sich die Felsbildkunst der Sahara über Jahrhunderte hinweg langsam entwikkelte, wurde sie fast schlagartig entdeckt. Spät, Mitte des letzten Jahrhunderts, entdeckten Forscher und Militärs die Felsbilder, datierten sie gänzlich falsch auf erste nachchristliche Jahrhunderte und vermuteten einen außerafrikanischen Ursprung. Im Tibesti fanden interessierte französische Militärs Felsbilder während ihrer routinemäßigen Kamel-Patrouillen. Die Anzahl der Funde des Leutnants d'Alverny aus den dreißiger Jahren wurden ab 1949 von seinem Landsmann Paul Huard erhöht, der als Militär-Kommandant das ganze Tibesti durchstreifte und ein Verzeichnis von über 200 Fundorten aufstellte.

Noch spektakulärer und richtungsweisender waren die Forschungen von Henri Lhote, der ab Mitte der fünfziger Jahre zu Tausenden Felsbilder im südalgerischen Tassili-n-Ajjer entdeckte und auswertete. Auf dem verwitterten Hochplateau dieses „größten Freilichtmuseums der Welt" sind über 15 000 neolithische Werke konzentriert; meist Malereien. Nördlich davon gibt es im Wadi Djerat eine Fülle von prähistorischen Zeugnissen. Lhote erhellte erstmals die geographische wie zeit-

liche Dimension der Felsbilder in einem heute fast menschenleeren Gebiet, zweimal so groß wie Europa. Vom Tassili führt der Bogen weiter ins libysche Wadi Mathendus, über das tschadische Tibesti und Ennedi (wo uns heute über 500 Malereien bekannt sind) an den Südrand der Sahara, zum Djado- und Aïr-Bergland (Niger) und dem Adrar des Iforas (Mali).

In verschiedenen Wellen und Epochen okkupierten ab etwa 10 000 Jahren vor unserer Zeit eingewanderte Volksgruppen Jagd- und Weidegründe, zu einer Zeit, als in der Sahara ein fast äquatoriales Klima herrschte. Ob die Einwanderer aus Süd-Arabien, Ostafrika, dem Vorderen Orient oder vom Mittelmeer kamen, ist noch ungeklärt. Viele Theorien sprechen für Kulturströme aus all diesen Gebieten zu verschiedenen Zeiten. Anhand der Bilder in den heute so lebensfeindlichen, schroffen Gebirgen und den trockenen Wadis lassen sich zumindest grob die wichtigsten Wanderbewegungen rekonstruieren. Besonders Höhlen und Felsnischen, die „Abris", waren bevorzugte Aufenthaltsorte neolithischer Jäger und Hirten und sind oft reich bebildert.

Eine genauere Datierung der Felsbilder ist nur möglich, wenn im Boden Siedlungsreste mit organischem Material gefunden werden – zum Beispiel Tierknochen oder Pflanzenteile. Sobald nach Absterben eines Organismus die Kohlenstoffzufuhr endet, verstrahlt radioaktiver Kohlenstoff mit einer Halbwertzeit von 5400 Jahren. Auf den komplizierten

8000 Jahre, drei Epochen: vom Elefanten über die Rinderzucht zum Kamel.

Untersuchungen dieser kaum meßbaren Strahlung basiert die Radiokarbon- oder C14-Methode. Mit ihr lassen sich Daten mit einer Genauigkeit zwischen plus/minus 100 Jahren festlegen.

Pfeilspitzen, Reibsteine oder auch Tonschalen in der Umgebung von Felsbildern zeigen nur an, daß hier einmal Menschen waren – vor 10 000 oder 2000 Jahren. Und sie enthalten kein organisches Material. Der Glücksfall von neolithischen „Speiseresten" direkt unter den Kunstwerken ist selten – außerdem wurde bisher von Archäologen in der Sahara nur punktuell geforscht. So mußten die Wissenschaftler mühsam Analogie-Beweisketten erarbeiten: Der „Felsbild-Professor" Karl-Heinz Striedter aus Frankfurt hat beispielsweise mehr als 40 000 Abbildungen gesammelt und bedient sich für Vergleiche und Analysen des Computers. Kriterien der Datierung sind Motive, Stil, Technik und Patina, also Verwitterung des Gesteins.

Trotz dieser beachtlichen Fülle von Funden ist die Felsbildkunst noch immer „ein Geschichtsbuch, in dem viele Seiten fehlen" (Peter Fuchs). Die einzelnen Epochen – oder auch Perioden und Zeiten – sind grob nach den Tierarten klassifiziert, die in ihnen lebten. Ältestes Leitfossil ist der Büffel Bubalus Antiquus. Die Büffel-Periode begann etwa 9000 Jahre v. Chr. und dauerte ungefähr 4000 Jahre. Typisch für die Bubalus-Zeit sind naturalistisch ausgeführte Gravuren von Elefanten, Giraffen, Büffeln, Straußen und anderen Wildtieren. Sie wird deshalb auch einfach als „Jäger-Epoche" oder „Jägerzeit" bezeichnet. Ebenso alt – und zur Bubaluszeit gehörend – sind die „Rundköpfe" – überwiegend große, flächig gemalte Gestalten mit ballonförmigen, schematisierten Köpfen, bei denen es sich wohl weniger um Beweise für außerirdische Besuche sondern eher um Darstellungen von Gottheiten handelt.

Die frühen Jäger haben uns im Gegensatz zu den Rinderhirten keine „Alltags-Chronologie" hinterlassen. Sicher waren sie hauptsächlich mit dem Sammeln von Wildsamen und dem Erlegen von Wild beschäftigt. Dagegen haben diese frühen Künstler große, meist gefährliche Tiere dargestellt: Giraffen, vor allem Elefanten und Nashörner. Es ging sicherlich nicht darum, die Grotten zu „dekorieren" – schon das Malen selbst hatte sicherlich magische Bedeutung: Der Jäger versuchte, das Tier in seine „geistige Gewalt" zu bekommen.

Die Rinderperiode begann um 5000 v. Chr. und dauerte etwa 2500 Jahre. Als die „neolithische Revolution" um 5000 v. Chr. mit dem Anbau von Getreide und dem Halten von Haustieren begann, gab es noch immer wilde Tiere. Doch gerade ihre Rinder und die Szenen einer „Häuslichkeit", die es zuvor in der Menschheitsgeschichte nie gab – das war den jungsteinzeitlichen Künstlern viele Gravuren und Bilder wert. Die Rinder-Periode bescherte uns Abertausende meist naturalistischer Malereien.

Im Gegensatz zu den frühen Jägern waren die Hirten mitteilungsfreudiger. Es gibt Bilder von Familien mit ihren Tieren auf der Wanderschaft, von Tanz, Streit, körperlicher Liebe. Uns unverständliche Symbole und Zeichen – auch die Spirale kommt immer wieder vor – als Symbol der Unendlichkeit? – deuten auf eine Auseinandersetzung der frühen Künstler mit dem Kosmos hin.

Viele Bilder aus dem Tassili zeigen Rinder mit

Je jünger die Felsbilder sind, um so nachlässiger wird die Darstellung. Die „Kamelzeit“ ab dem 2. Jahrhundert belegt die weitere Austrocknung der einstigen Feuchtsavanne.

weit ausladenden Hörnern und europide Menschen, die Frauen mit großen Knoten im Haar. Sie erinnerten „Terra-X“-Redakteur Volker Panzer spontan an die Fulbe-Bororo des Sahel. Sie nennen sich Wodabee. In Niger besuchte er mit seinem Filmteam ein Lager dieser Nomaden und zeigte Abzüge der 7000 Jahre alten Bilder: „Ohne Erstaunen oder Verblüffung sagen sie: Ah, Wodabee! Selbst die kleinsten Symbole können sie erklären.“ Die Nachfahren saharischer Ur-Hirten leben also jetzt im Sahel.

Die Pferde-Periode begann um 1500 v. Chr. Fremde Völker drangen von der Mittelmeerküste in die Sahara vor – mit Pferden und Streitwagen. Wahrscheinlich gründeten sie im Fezzan (Libyen) das Reich der Garamanten und waren Vorfahren der Tuareg. Es gibt Bilder von zweirädrigen Wagen und Pferden im fliegenden Galopp. Das Pferd wurde hier also nicht als Wirtschaftsfaktor, sondern als geschichtliches Ereignis verewigt. Im Tibesti und Ennedi existieren diese Darstellungen nicht. Andere Bilder zeigen Kämpfe – wohl auch um Weideplätze in der austrocknenden Sahara.

Ab 100 v. Chr. begann dann die letzte Epoche: Das Kamel, aus dem Vorderen Orient

Im Enneri Gonoa haben die Tubu heute Mühe, eine kleine Ziegenherde zu ernähren. Die Existenz einst reicher Jagdgründe dokumentiert der „Mann von Gonoa". Soldaten haben das Meisterwerk neolithischer Kunst im Genitalbereich verschandelt.

„importiert", wurde durch die dramatisch fortschreitende Austrocknung bald zum wichtigsten Nutztier. Rinder- und Pferdehaltung waren durch den Wasser- und Futtermangel unmöglich geworden. Schafe und Ziegen blieben als Haustiere; nur mit dem Kamel als Last- und Reittier konnten größere Strecken zurückgelegt werden. Diese Bilder und Ritzzeichnungen sind am häufigsten. Der Stil ist grob und schematisiert.

Die Sonne steht noch steil über dem Tal von Gonoa, dessen Wände trotz des milden Februar heiße Luft pulsierend reflektieren. Gerade habe ich zwei anderthalb Meter hohe Giraffen entdeckt, deren netzförmiges Fell in fein gezogenen Gravuren wiedergegeben ist. Ihre Proportionen sind perfekt. Begeistert klettere ich über das Fels-Chaos aus Ignimbrit – ein weiches, vulkanisches Material. Es wirkt, als habe eben ein Riese die Steinbrokken verstreut. Aber auch Gravuren an kleineren Stücken sind nicht verkantet: Die wie hingeworfenen Felsen türmten sich schon ebenso vor 7000 Jahren, als die Ritzbilder hier entstanden.

Dann fällt mein Blick auf eine zwei Meter

große Gestalt, geschlagen in glatten Fels: der berühmte „Mann von Gonoa". Er ist nackt und geht mit weit ausholenden Schritten. Man spürt förmlich die Dynamik des federnden Gangs. Mit angewinkeltem rechtem Arm trägt er eine Keule über der Schulter. Sichtlich gespannt eilt er auf ein Opfer zu, bereit zum kraftvollen Schlag. Alles ist perfekt stilisiert, nur der Kopf gibt Rätsel auf. Der Jäger hat kein menschliches Gesicht. Sein Profil ähnelt einer Hundeschnauze mit runden Vogelaugen. Trägt er eine Maske? Hat der Künstler ihn bewußt verfremdet, um die Geister der getöteten Tiere nicht herauszufordern? Erschlug er vielleicht Menschen? Steht der „Mann von Gonoa" stellvertretend für eine aggressive Epoche? Oder ist der Phantasie-Kopf nur eine Laune des Künstlers?

Wir wissen es nicht. Es gibt nur diesen einen Jäger in Gonoa, und er geht seit Jahrtausenden seinen einsamen Weg.

Gukuni sitzt mürrisch im Schatten und mahnt zum baldigen Aufbruch. Die Sonne steht schon tief über der gegenüberliegenden Felswand. Nun entdecke ich im messinggelben Fels einen Elefanten. Wie bei den Giraffen sind seine Umrisse fast fotografisch präzise wiedergegeben. Es wird angenommen, daß bis etwa 1000 Jahre v. Chr. noch kleine Elefantenherden hier lebten. Ein Elefant frißt täglich etwa fünf Zentner Grünfutter. Bei einer Herde von nur acht Tieren sind das zwei Tonnen pro Tag. Heute zeugen nur noch wenige, halbverdorrte Akazien von einer einst üppigen Savannenlandschaft.

Der Arzt Christoph Staewen hat 1964 und dann 1970 unter schwierigen Umständen die meisten Felsbilder von Gonoa aufgenommen. Da die Gegend unsicheres Rebellengebiet war, hatte der Arzt keine Zeit für Grabungen, die eine genauere Datierung ermöglicht hätten. Er fand 800 Zeichnungen, davon etwa 300 Rinderdarstellungen und 200 Bilder von Wildtieren – darunter 44 Elefanten und 20 Nashörner.

Wie schon erwähnt, steht hinter diesen Bildern mehr als eine ur-künstlerische Laune; sie stellen eher eine Art der „Problem-Bewältigung" dar: Tiere, von deren Erbeutung das Leben und Überleben abhing, sollten auch durch Magie bezwungen werden. Vor allem der Elefant war durch seine Größe und Stärke ein schier übermächtiger Gegner für wahrscheinlich kleinwüchsige Jäger, die nur unzulänglich bewaffnet waren. Sie machten sich „ein Bild" von dem, wovor sie Angst hatten, um es besser besiegen zu können.

Wahrscheinlich war das als „Sackgasse" endende Tal von Gonoa eine „Elefantenfalle", die durch Feuer und Lärm abgeriegelt werden konnte, vermutet Staewen weiter. Die Bilder gaben nicht nur Kraft – konnten sie nicht vielleicht auch dazu gedient haben, der Seele des getöteten Tieres eine „neue Wohnung" anzubieten? Und trug der „Mann von Gonoa" vielleicht eine Maske – wie auch auf anderen Darstellungen der Sahara – um nicht vom Geist des erlegten Wildes erkannt zu werden?

Auch Staewen spekuliert. Weit weniger fiktiv ist seine Ansicht, hier habe die „Geburt des Geistigen und all dessen, was wir Kultur nennen", stattgefunden.

Patrouille der Combattants in Bardai. Mit wendigen Fahrzeugen, vor allem mit unübertroffener Ortskenntnis und Zähigkeit konnten sie die Libyer vertreiben.

Bardai: Militärlager mit moderner Kunst

Ein Jahr nach Largeaus siegreichem Einzug in Faya und Abéché kamen zum ersten Mal bewaffnete Franzosen ins Tibesti: Im Dezember 1913 erreichten sie von Zuar aus Bardai. Bald „unterwarfen" die Militärs Aozu und Yebbi-Bu. Doch die Fremden trafen nur auf wenige Menschen, fühlten sich in der feindlichen, unwegsamen Umgebung mit ihren Vulkanen und Schluchten bespitzelt. Kamele wurden über Nacht gestohlen, Männer von Wurfeisen aus dem Hinterhalt getötet.
Die Nachschubwege waren lang – zu lang. Sie führten über das rund 1000 Kilometer westlich gelegene Bilma. Aber Bilma ist eine einsame Oase im Sandmeer, nur in den Wintermonaten durch Tuareg-Salzkarawanen mit dem 600 Kilometer entfernten Agadez verbunden. Schon zwei Jahre nach der „Inbesitznahme" des Tibesti verließen die Besatzer ihre notdürftigen Unterkünfte und kehrten erst 1929 zurück. Das Gebiet war nun dem Block von „Französisch- Äquatorialafrika" angeschlossen – er reichte von der zentralen Sahara bis in die dampfenden Regenwälder des Kongo. Doch auch Jahrzehnte später galt Tibesti nicht als „befrie-

Tchad Temps Nouveaux
LES EVENEMENTS DU MOIS
Tchad Temps Nouveaux

det". Bis Mitte der sechziger Jahre – Tschad wurde 1960 formell „unabhängig" – verwaltete ein französischer Präfekt das B. E. T. zwischen Faya, dem Ennedi und Tibesti; ein Gebiet größer als Frankreich.

Bardai ist winzig. Der „koloniale Kern" besteht aus einer Handvoll bescheidener und ramponierter Gebäude für den Unterpräfekten und seine Mitarbeiter – und das sind vor allem Militärs. Im großen Palmenhain verstecken sich verstreut Lehmhäuser und Hütten neben kleinen Gärten, doch die meisten Zivilbewohner haben wegen Kriegswirren und libyscher Besatzung die Flucht ergriffen. Auch in Friedenszeiten waren es nie viel mehr als 400 Seelen – nur zur Dattelernte verdreifachte sich die Bevölkerung.
Am Rand der Siedlung steht ein längliches Gebäude mit schönen Spitzbögen, dessen Wände einmal weiß gewesen sein müssen. Wäsche flattert im Wind, im sandigen Hof liegen leere Konservendosen. Was seit Jahren Soldaten des Südens und ihren Familien als Unterkunft dient, war von 1964 bis 1974 die Geomorphologische Forschungsstation der Freien Universität Berlin. Der *Tagesspiegel* berichtete am 20. Juni 1965 über die Eröffnung:
„Vor drei Jahren war Professor Hövermann mit seinem Assistenten, Dr. Hagedorn, schon einmal im Tibesti. Damals kam ihnen der Gedanke, hier eine Forschungsstation zu gründen. Jetzt wird alle halbe Jahre die junge Mannschaft ausgewechselt. Jedesmal auf dem mühsamen, nicht ungefährlichen Weg über Tripolis. Zunächst waren die Wissenschaftler höchst primitiv untergebracht in Lehmhütten oder in von den Franzosen verlassenen Baulichkeiten. Jetzt endlich ist die Station fertig ... Abends wird ein VW-Motor angeworfen und liefert elektrischen Strom, allerdings die Stunde für 12 Mark. Höchste Sparsamkeit ist geboten, denn die Exkursionsgelder müssen für ein halbes Jahr für sieben bis acht Personen reichen."
Obwohl von hier aus nur sechs Jahre lang intensiv geforscht werden konnte, war die wissenschaftliche Ausbeute beträchtlich. Der Schwerpunkt lag bei geo- und klimamorphologischen Untersuchungen – ein recht junges Gebiet der allgemeinen Geographie. Es ging vor allem um weitere Erkenntnisse im Bereich der Klimaänderungen zur Pluvial-(Regen-)Zeit, die mit der europäischen Eiszeit zusammenfiel. Wann, in welchem Maße und warum hat eine Austrocknung stattgefunden? Ist dieser Vorgang reversibel? Das beschäftigte schon ganze Forscher-Generationen. Antworten auf diese Fragen erhalten für Entwicklungsländer „auch einen in die Zukunft gerichteten, sozialpolitischen Aspekt" – wie Professor Baldur Gabriel betont, selbst „Bardai-Veteran". Über eine Wiedereröffnung der Station wird nun verhandelt.

Fast eine Woche sind wir nun schon hier. Seit drei Tagen steht mein Landrover zur Totalrevision in der Werkstatt, die von den Libyern bombardiert wurde. Wie eine Filmkulisse ragen die zerrissenen Lehmmauern in den bleiernen Himmel; dazwischen wird eifrig gewerkelt. Das von den Libyern „hinterlassene" Ersatzteillager blieb unversehrt. Keine Toyota- Vertretung könnte damit konkurrie-

Der Sous-Präfekt in seinem Büro, Bardai.

ren. Offenbar habe ich hier das falsche Fahrzeug. So bleibt mir nur, den Tank mit Flüssigmetall zu kitten.
Nach bleiernem Schlaf erwache ich heute spät, gegen halb acht. Grell brennt die Sonne in mein Zelt, das ich auf der Terrasse eines großen, leeren Hauses aufgeschlagen habe. Draußen hängen längst sinnlos gewordene Waschbecken, die glaslosen Fensterhöhlen sind halb mit Lehmziegeln vermauert. Steinmauern terrassieren rissige Erde, in der einmal Gemüse wuchs. Von hier geht der Blick auf den Palmenhain, hinter dem bizarre Felsen wie von Karies zerfressene Zähne stehen – die „Quatre Roches“, Wahrzeichen von Bardai. Felszeichnungen gibt es dort, doch der Besuch ist nicht möglich. Militärdepot oder Minen? Ich erhalte nur sibyllinische Antworten.
Der Boy des Unterpräfekten bringt uns sirupartige Milch, zähes Kamelfleisch und einen gewaltigen Teller Hirsebrei: Das englische Frühstück wäre eine leichte Kost dagegen. Mein Magen rebelliert schon beim Anblick des kauenden Gukuni und seiner behend geformten Hirse-Kugeln, die er in die fädenziehende Sauce taucht. Ich rühre nur den Kaffee an und hole mir Kekse aus der Vorratskiste.
Wir wohnen im Haus von Dr. Christoph Staewen. Im Vorwort zu seinem Buch über die Felsgravuren von Gonoa beschreibt er sachlich-knapp ein Drama, das sich genau hier abspielte: „Habré überfiel am 21. 4. 1974 mit einem Trupp von Aufständischen am späten Abend mein Haus, um meine Frau und mich als Geiseln zu nehmen. In der Dunkelheit entwickelte sich zwischen den Rebellen und zwei tschadischen Offizieren, die gerade unsere Gäste waren, eine Schießerei. In deren Verlauf wurden nicht nur die beiden Offiziere, sondern auch meine Frau erschossen, diese versehentlich, wie die Aufständischen später glaubhaft beteuerten. Ich selbst wurde als Geisel gefangengenommen und zwei Monate später von der Bundesregierung freigekauft.“
Dr. Staewen erwähnt nicht die Archäologin Françoise Claustre und deren Helfer Marc Combe. Auch sie waren beim Abendessen und wurden ebenfalls entführt. Weil die französische Regierung nicht nachgab, verbrachte Frau Claustre über drei quälende Jahre als Geisel im Tibesti, in Felshöhlen versteckt und oft mit dem Tod bedroht. Marc Combe gelang es, sich als Landrover-Reparateur (seinerzeit war dieses Fahrzeug recht verbreitet) nützlich und sogar unverzichtbar zu machen; nach einem Jahr gelang ihm die waghalsige Flucht nach Libyen.
Mittags und abends sind wir zum Essen beim Sous-Präfekten eingeladen: El Hadj Salah Borkaii kämpfte lange Zeit für Gukunis GUNT. Immer sind Gäste im Haus; neben unverdrossen Karten spielenden Soldaten im Hof auch Neffen, Halbbrüder, Freunde, Weggefährten, Waisen und Halbwaisen; ein Junge mit verbundener Hand, der mit einer Mine spielte und den wir mit Antibiotika verarzten – El Hadj ernährt sie alle. Im Kreis sitzen wir auf einem libyschen Teppich, warten auf das Essen und dann auf das „Bismillah“ des Unterpräfekten, dessen feine, fast adlige Züge dem gereiften Harry Belafonte ähneln. Längst erwarte ich keine kulinarische Überraschung mehr unter dem bunten, geflochtenen Bastdeckel auf der Email-Schüssel: Reis mit Sauce oder Nudeln mit Sauce, darin

gekochte Melonen und winzige Fleischstücke, die uns von El Hadj zugeteilt werden. Soziales Verhalten zeigt sich zum beträchtlichen Teil durch gemeinschaftliche Mahlzeiten. So ist das Essen immer schmackhaft.
Vor ein paar Tagen kehrten Eric und Fred mit ihrem fürchterlichen Begleiter von den heißen Quellen Soborums zurück, als wir gerade beim Essen im Schein der Petroleumlampe saßen – erschöpft, hohläugig. „Wir mußten Kredit aufnehmen, um überhaupt die neun Kamele mieten zu können. Alles Halsabschneider. Ein paar Statisten nahmen wir mit – es war auch niemand da, als wir nach drei Tagen dort anlangten. So hatten wir unsere ‚Rheumakranken' dabei."
„Es war nachts so kalt, daß sich die Ziegenledersäcke in massive Eisklötze verwandelten. Der Begleiter schlief in einem der dampfenden Becken – rechts und links einen Stein, damit der Kopf nicht unter das heiße Wasser rutschte. Am nächsten Morgen sah er aus wie Frankenstein – doppelt so große Hände."
„Überall zischt und brodelt es. Als ich mich zum Filmen kurz auf den pulsierenden Boden kniete, hatte ich gleich ein Loch in der Hose. Alles ist prima im Kasten, aber der Produzent wird mich erwürgen: doppelt so teuer, doppelte Zeit."
Nun sind die beiden wohl schon wieder in Faya, während ich relativ erfolglos an meinem Klapptisch zu arbeiten versuche – ein nicht abreißender Besucherstrom will mich einfach nur begrüßen oder bittet höflich um Medikamente; offenbar in der Annahme, nach 16 Jahren Pause sei endlich wieder ein Arzt in Bardai. Etwas Kurzweil bringt der Marktbesuch.
Verschläge von arabischen und nordtschadischen Händlern bilden zwei Straßen. Das Angebot der Stände aus Pappkartons, Wellblech und Stofflaken ähnelt sich auch hier: Berge von Import-Zigaretten, Parfum und Ölsardinen; Seife, Kaffee, Batterien, darüber baumelnde Socken und Slips. Oft rast ein Toyota mit gelangweilten Soldaten durch die Gasse, alle in eine Staubwolke hüllend. Niemand protestiert. Die Tubu-Combattants haben hier das Sagen.
Ihre Kalaschnikow lässig um den sorgfältig gebügelten Khaki-Drillich gehängt, mit Armbanduhr und Sonnenbrille verschönt, stehen sie im Halbkreis vor der zweiten, aber sporadischen Attraktion des Ortes: dem Tanz junger Frauen bei einem Hochzeitsfest. Regenbogenbunt wiegen sie sich in ihren farbigen Gewändern zum monotonen Klang einer Trommel, doch der Tanz hat nichts Mitreißendes, ist unnahbar, introvertiert, melancholisch für Außenstehende. Männer der Hochzeitsgesellschaft sitzen schweigend abseits im Palmenhain, in ihre blendend weißen Gewänder gehüllt. Wieder einmal bleibt es für den Besucher nur bei „Bildern", beim Schauen.
Das Fahrzeug ist endlich repariert worden, doch eine besorgniserregend große Zahl von bunten Kabeln hängt nun aus dem Armaturenbrett, nach Angabe des Mechanikers „ohne Funktion". Skeptisch, aber freudig lade ich ihn allzu spontan zu einem Bier ein, das hier 12 Mark kostet – verkauft „au domicile" in einem der Lehmhäuser des Militärviertels der südtschadischen Soldaten.
Noch einmal gehe ich an einem Nachmittag aus dem Ort heraus, wandere fünf Kilometer auf ein weites Rund bizarr erodierter Felsen östlich von Bardai zu. Diesmal ist sogar Gu-

Die Video-Show von Bardai funktionierte nur kurze Zeit. Das Blau und Rot vieler Türen in Bardai hat länger Bestand – restliche Farbe des Künstlers Jean Vérame.

kuni dabei, der sehr gern mit Eric zurück in die Hauptstadt gereist wäre. Wie riesige Nadeln, warnende Finger oder Zipfelmützen 20 Meter hoher Zwerge ragen Gebilde aus einem Plateau, dessen Trostlosigkeit durch einige dürre Akazien noch verstärkt wird. Zwei der „Mützen" leuchten schon von weitem in Lila und Blau; im Innern des natürlichen Amphitheaters strahlt es noch bunter. Eine Gruppe von etwa zehn Meter hohen Felsen ist horizontal so verwittert, als seien sie aus verschieden großen Sperrholzplatten zusammengeklebt. Blau-Lila beherrscht auch diese Szene; fast vorwitzig blendet hinten Weiß aus der steinernen Garde. Ein blauer Fels trägt rote Punkte, als ob er Masern bekommen hätte; manchmal laufen abgesetzte Linien ins Nichts. An einer Stelle prangt die jahrtausendealte Gravur eines Rindes – allerdings war dieser Ur-Künstler nicht allzu begabt. Jean Vérame hat die Stelle dennoch sorgfältig so belassen, wie sie war. Drei Monate lang sprühte und malte er hier, bis zum heißen Sommer 1988. Drei Tonnen Farbe und drei Millionen Francs verschlang das Unternehmen. Der Künstler, Mitte 50, versteht sich als Vermittler zwischen Fels und Farbe, Natur und Kunst. Am heimischen

Jean Vérame half der Natur etwas nach. Bei Bardai leuchten die bunten Farben schon von weitem. Es wird noch lange Zeit der Welt einsamstes Kunstwerk bleiben.

Cap Ferrat begann er mit Felsverschönerung, Süd-Marokko (bei Tafraute) und Sinai folgten – als Symbol für den Frieden.
„Warum hat er das gemacht, wozu nützt es?" will Gukuni wissen. Kunst hat gerade in dieser Gegend immer eine praktisch-funktionelle Komponente; ein Messer wird verziert, weil es ein Messer ist. Handwerker sind gleichzeitig Künstler – nach unseren Maßstäben. „L'Art pour l'Art" ist ein Luxus der reicheren Gesellschaften. Ich wandere andächtig durch dieses weltenferne Kunstwerk im wohl einsamsten Freilichtmuseum der Welt – ein Gruß aus der Heimat.

Weiter hinten liegen blau gefärbte Steine im Sand – spiralig einmal, dann aus Segmenten Kreis und Labyrinth zugleich bildend – Symbol für die Ordnung des Universums. Der libanesische Dichter Khalil Gabril, 1931 in den USA gestorben, drückte es so aus: „Kunst ist ein Schritt von der Natur zur Unendlichkeit." Der Bogen beginnt bei den Jäger-Gravuren von Gonoa.

Die Gräber der Nazarah

Nach zehn geruhsamen Tagen kehren wir Bardai den Rücken. Die gelassene Stimmung war verschiedentlich durch den gerade dreißigjährigen Polizeichef unterbrochen worden, der sich im Anschluß an den jeweiligen Höflichkeits-Tee zu Verhören veranlaßt fühlte und nur zu gern etwas gefunden hätte. Fotografieren wurde mir in Bardai unter Androhung der sofortigen Rücksendung nach N'Djamena verboten – für Felsen und Hochzeit mußte ich eine Ausnahmegenehmigung einholen; alle anderen Aufnahmen wurden heimlich und mit leichtem Kribbeln im Rücken gemacht.

Gukuni beabsichtigte, die Reise zu beenden. Verdächtig oft spielte er mit dem Polizei-Leutnant Karten. Nun war der Hauptmann schon vier Wochen, 1800 Kilometer und durch mehrere Minenfelder von seiner Familie getrennt. Er hatte keine Lust mehr – verständlich, für mich aber kein Grund, nach all den Mühen nachzugeben. Zumal der Rückweg auf gleicher Route länger, schwieriger und gefährlicher wäre. Schließlich waren beide davon, wie auch von meiner Harmlosigkeit, überzeugt.

Nach knapp zehn Kilometern durch eine Traumlandschaft für Steinbruchbesitzer kommen wir zum Dörfchen Zui mit ein paar Lehmhäusern und Kuppeldach-Häusern aus Stroh, von Steinmauern umgeben. Ich weiß, daß sich hier in mehreren Tälern Ketten alter Gräber hinziehen: Luftbilder zeigen sie zum

Die eigenartigen Gräber bei Zumri bergen noch viele Geheimnisse – wie ganz Tibesti.

Die Wurfeisen der Tubu sind kaum noch in Gebrauch – die Kalaschnikow ist wirksamer.

Beispiel deutlich an der Piste nach Aozu, der noch von Libyern besetzten Oase. Wir fragen den einzig sichtbaren Menschen hier, einen jungen Tubu in schneeweißem Gewand. Er weiß davon nichts. „Alles Einbildung" murrt Gukuni.

Statt einer Diskussion erkundige ich mich nach der Pisten-Abzweigung. „Das ist verboten", zischt mein Begleiter. Aber wir sind schon da. Wie aus dem Fels gewachsen steht ein Soldat mit angelegtem Gewehr vor dem Wagen. Bevor Gukuni die Situation weiter verschlechtert, steige ich mit möglichst natürlichem Lächeln langsam aus und biete dem Krieger eine Zigarette an. Er nimmt sie verblüfft. Dann gebe ich ihm alle Papiere, Empfehlungsschreiben und weitere Zigaretten; das Ganze untermalt von eindeutigen Gesten, keinen Meter weiterfahren zu wollen. Als sich das Gesicht meines Gegenübers langsam erhellt, erwähne ich die Gräber.

„Pas possible." Gukuni winkelt sich übellaunig aus dem Schalensitz meines Wagens. Er sagt das Richtige und kommt im geeigneten Moment. „Pas possible?" Der bewaffnete Recke aus dem tschadischen Süden streckt seinen muskelbepackten Oberkörper auf schätzungsweise Einsfünfundachtzig. „Pas possible? Ich sehe, Sie sind Capitaine. Ich bin ein kleiner Feldwebel. Aber *ich* habe hier an dieser wichtigen Stelle das Sagen. Und ich werde unseren Freund jetzt zu den Gräbern führen."

Alte und interne Nord-Süd-Ressentiments brechen wieder auf. Vermittlung wäre ebenso fehl am Platz wie ein triumphieren-

Tubu mit Wurfeisen und Speer begrüßen einander – so gezeichnet im Reisewerk von Gustav Nachtigal. Heute sucht man danach vergebens; diese Szene ist gestellt.

des kleines Lächeln. Schon hinter der nächsten Biegung sehe ich am Hang die Grabanlagen. Wir stolpern und kraxeln über Felsbrokken, Gukuni bleibt beleidigt zurück. Der Soldat freut sich nicht nur über seinen Erfolg, sondern auch darüber, etwas zeigen zu können, das dem weitgereisten Fremden offenbar wichtig ist: „Nun bin ich schon sechs Jahre hier, aber Sie sind der erste Europäer. Übrigens sagen hier alle nur ‚Gräber der Nazarah'."

Das heißt „Weißer" oder auch Europäer. „Gräber der Nazarah" deshalb, weil sie vor dem Islam angelegt wurden. Als „Tombeaux pré-islamiques" werden sie auch in französischen Karten bezeichnet. Wie Auswurfhügel einer Steinkohle fressenden Maulwurf-Spezies liegen hier runde, oben abgeflachte Steingräber. Etwa drei Meter im Durchmesser, ziehen sie sich als bizarre Perlenschnur dunkle Geröllhänge entlang. Die deutschen Geologen nennen sie scherzhaft „Camembert-Gräber".

Der Göttinger Ethnologe Peter Fuchs bereiste in den fünfziger Jahren mit Kamelen Tibesti und Ennedi und deutet sie als „typisch libysch-berberische Grabanlagen": nach arabischen Invasionen im Norden (Libyen) habe es vor allem im 7. und 11. Jahrhundert Einwanderungswellen gegeben. Neuere Forschungen erhellen: Die Zeitspanne reicht vom 4. Jahrhundert vor unserer Zeit bis ins 19. Jahrhundert. Erst im 15. Jahrhundert bekannten sich die Tubu zum Islam, aber unterwarfen sich ihm nie vollkommen (Islam bedeutet „Hingabe"). Vor allem Sklaven hielten noch so lange an vorislamischen Grabformen fest.

Bis zu 1000 Gräber gibt es pro Tal; große Tumuli haben einen Durchmesser von bis zu 14 Metern. Sicher waren sie von einer bäuerlichen Bevölkerung angelegt worden; sicher auch, daß es noch um die Zeitwende wesentlich feuchter war. Die Hänge boten einen guten Schutz der Toten vor Hochwasserfluten bei Regen.

Tibesti hat schon immer eine große Rolle als Rückzugs- und Expansionszentrum während diverser Klimaschwankungen gespielt. Schon um 500 v. Chr. durcheilten hellhäutige Eroberer, Ahnen der Berber und Tuareg, mit Pferdegespannen südliche Weiten – die Garamanten. Auf Felsbildern sind sie zu sehen.

Herodot, erster Ethnograph afrikanischer Völker, wußte: „Die Garamanten jagen die äthiopischen Troglodyten mit Wagen, die mit vier Pferden bespannt sind; denn die Troglodyten sind die schnellsten Menschen, von denen ich sagen hörte. Sie nähren sich von Schlangen, und ihre Sprache gleicht keiner anderen, eher dem Schrei einer Fledermaus."

Der Speer dient heute kaum noch als Jagdwaffe. Man wirft ihn eher zum Zeitvertreib.

Herodot, „Vater der Geschichtsschreibung", berichtete auch von den Lotophagen – Männer mit einem Auge und dem Mund auf der Brust. Und von Ochsen, die rückwärts weiden müssen, weil ihnen die Hörner nach unten und vorn gewachsen sind. Doch der Höhlenmensch-Bericht stimmte. Noch auf einer Karte von 1802 ist das Gebiet des heutigen Nord-Tschad mit „Troglodytae Herodotis" überschrieben. Peter Fuchs schließt daraus zu Recht auf das Ennedi-Gebirge mit seinen vielen Grotten.

Alles spricht dafür, daß im Tibesti die – oder zumindest eine der wirklichen „neolithischen Revolutionen" stattgefunden hat. Vor etwa 8000 Jahren war hier bereits Keramik bekannt. Baldur Gabriel fand in Gabrong bei Bardai die Reste eines Rumpfes mit fein verzierten Linien; diese „dotted wavy line" ist Indiz für verfeinerte Töpferei. Herausgekratzt aus einer Schicht mit Knochen und Obsidian-Artefakten, wurde ein Alter von rund 10 065 Jahren ermittelt. Bisher vermuteten Wissenschaftler allererste Anfänge der Töpferei in dieser Zeit – aber im „Fruchtbaren Halbmond" des Vorderen Orients. Eine „Heilige Kuh" hätte schon längst geschlachtet werden können, wären mehr Forschungen im Tibesti möglich gewesen.

Die uralte Töpferei fällt zeitlich mit den Jäger-Gravuren von Gonoa zusammen. Christoph Staewen entdeckte in Taar Doi, weit im Norden, Gravuren unerklärlicher Zeichen. Eindeutig war nur ein hohes Alter. Staewen zeigte sie dem Archäologen Myers, der lange im Niltal von Nubien arbeitete. Der Wissenschaftler: „Es gibt für mich überhaupt keinen Zweifel daran, daß sie zu derselben Gruppe gehören wie die frühesten Gravierungen, die wir bei Akba (nahe Wadi Halfa) fanden ..." Hier verlief der frühe „Kulturaustausch" gerade andersherum, als noch überwiegend festgeschrieben ist. Der schon erwähnte Archäologe J. Arkell vermutet im Tibesti sogar den Ursprung neolithischer Kulturen. Nachdenklich blicke ich auf das heute knochentrockene Wadi, in dem einige Akazien ihr Leben fristen. Die Piste führt in das 100 Kilometer entfernte Aozu. Französische Legionäre bauten und sprengten ab 1955 drei Jahre lang die waghalsige Piste in den Fels mit vielen Kehren und Pässen, denen sie weniger heimwehkranke als durstgeprägte Namen gaben: Col Whisky, Col Pastis, Col Framboise.

Oasenbauer aus Yebbi-Bu. Die Tubu haben keine negroiden Züge.

Der freundliche Soldat bewacht mit ein paar armen Teufeln den äußersten Nordrand tschadischen Einflusses. Offiziell verläuft die linealgerade Grenze 120 Kilometer nördlich von der Bergoase Aozu, doch selbst die Piste dorthin untersteht nur noch zur Hälfte tschadischer Hoheit. Dann beginnt libysches Gebiet.

Dieser „Aozu-Streifen" entlang der gesamten Nordgrenze ist immerhin 100 000 Quadratkilometer groß und wird von beiden Ländern beansprucht. Tschad bezichtigt Libyen der Annexion. Frankreich trat mit den Römischen Verträgen das Gebiet 1934 am Italiens Mussolini ab (Libyen war italienisch). Der Vertrag wurde nicht paraphiert. General Leclerc – dessen Kriegsschrott noch in Zuar steht – konnte den Wüstentreifen wieder „zurückholen". Der erste tschadische Präsident Tombalbaye überließ das Gebiet Libyen im Tausch gegen Gaddaffis Zusage, seine Unterstützung der Tubu-Rebellen einzustellen. Es soll viele Mineralien in diesem Gebiet geben, vor allem Uran. Doch der Abbau würde sich der schwierigen Transportverhältnisse wegen nicht lohnen: Wüsten-Theater um Aozu. Den Tubu war diese Frage immer ziemlich gleichgültig. Die „Felsenmenschen" wollten in Ruhe gelassen werden und leben wie zuvor – so ziemlich das Schwierigste in moderner Zeit.

Menschen der Steine

Über die Herkunft der Tubu gibt es viele Theorien. Professor Peter Fuchs vermutet die altnigritischen, nilotischen Sao als ehemalige Urbewohner der Tibesti-Region. Von den nomadischen, aus Osten kommenden „Ur-Tubu", den „Äthiopiern" Herodots, sind sie vor etwa 4000 Jahren verdrängt worden. Tubu-Kenner Jean Chapelle schätzte ihre Zahl in den sechziger Jahren auf 200 000. Wie er darauf kommt, ist unverständlich. Realistischer ist es, von rund 130 000 auszugehen. Im Tibesti waren es nie mehr als ungefähr 10 000. Das kleine Volk lebt in einem Gebiet so groß wie Europa. Der Karawanenverkehr ist durch die politischen Probleme zurückgegangen. Vollnomaden haben auch Häuser und meist Dattelpalmen in den Oasen, aber betreiben keinen Gartenbau. Die Kokorda, Djagada und Annakaza aus dem Djurab gehören dazu. Einige Tubu-Familien

Ich beginne, den Stolz der Tubu zu verstehen: Nur sie können hier überleben.

Tubu-Frauen sind Meister des Hausbaus. Die größeren Domizile werden von Steinmauern umgrenzt. Das tragende Gerüst besteht meist aus gebogenen Palmblatt-Rippen.

aus dem Tibesti besitzen Palmen im etwa 1000 Kilometer westlich gelegenen Djado (Republik Niger), überragt von Ruinen mysteriöser Burgen und Wehrstädte, deren Geschichte bis ins 12. Jahrhundert zurückgeht. Das gleiche gilt für die Kufra-Oasen im Südosten Libyens – ein Karawanenweg durch über 700 Kilometer Gebirge, Sand- und Kieswüste, die „Serir Tibesti".

„Tubu" ist ein Wort der Kanuri, das sich aus zwei Silben zusammensetzt: „tu" ist der Plural von „ti", also Felsen; „bu" bedeutet Mensch. Sie selbst nennen sich „teda", was das gleiche bedeutet: Felsenmensch.

Nur Tubu können hier überleben, und das macht sie stolz. Die extreme Umgebung des „Mondgebirges" mit seinen glutheißen Sommern und frostkalten Wintern, Schwierigkeiten mit der Nahrungsbeschaffung – alle Probleme des Lebens sind zum respektierten Gegner der Tubu geworden. Ihm geschickt zu begegnen, war schon immer fast ritualisierte Herausforderung. Wo selbst Steine brechen, hat nur die biegsame Akazie eine Chance. Die Tubu sind das Ergebnis schonungsloser Selektion; mager, leichtfüßig, unglaublich zäh und von der Härte klingenden Stahls. Strategien des Überlebens haben

Mit Strohmatten bedeckt, trotzen die Tubu-Zelte auch einem Sandsturm. Beim Weiterziehen bleibt das Gerippe stehen – bis zur Wiederkehr; die Matten werden mitgenommen.

Vorrang vor familiären Bindungen und Gefühlen – ob es sich um eine lange Karawanenreise oder 40-Kilometer-Tagesmärsche der Frauen über Lavafelder handelt. Nie wird ein Tubu sagen: „Ich habe Hunger. Ich habe Durst. Ich bin müde."

Kaum ein anderes Volk der Erde wurde von Europäern so negativ beurteilt wie die Tubu. Gerade Gustav Nachtigals scharfe Kritik wiegt schwer, denn der Forscher war tolerant und freier von Vorurteilen als viele heutige Zeitgenossen. Nachdem er ständig bedroht, beraubt und schließlich ermordet werden sollte, fand er kaum noch schmeichelhafte Worte. Eines der nachgeschleuderten Wurfeisen verletzte ihn leicht; er bezeichnete den Wurf in der studentischen Sprache seiner Verbindung als „Flacher" – aber sehr spaßig war es nicht. Das schlechte Image der Tubu zieht sich fast durch die ganze Literatur.

Nachtigals persönliche Erfahrungen wirkten natürlich als psychologische Barriere. Die „Schurken Tibestis" seien Prototypen der Raublust und Grausamkeit, argwöhnisch, hinterhältig und rücksichtslos, streitlustig, habsüchtig und verräterisch. „Außerdem sind sie chronisch angesäuselt und bringen

sich in diesem Zustande der Anheiterung untereinander um, wen sie kein fremdes Objekt haben."

Auf dem Weg nach Yebbi-Bu bewegen sich vor uns schwarze, bald wieder in der Luft zerfließende Punkte. Sie verdichten sich zu einer fünfzigköpfigen Herde überwiegend schwarzer Hammel. Ein Tubu führt sie mit seinem Lastkamel. Gukuni begrüßt den einsamen Wanderer, dessen wattierte Nylonjacke über verschlungene Wege von einer Altkleidersammlung in den Tschad gelangt ist. Er treibt die Tiere zum Verkauf nach Bardai und kommt aus Faya. Eine Wegstrecke mißt etwa 800 Kilometer. Er braucht 20 Tage.

Auf Beinen dürr wie das Holz der Akazie können Tubu mit ihrem federnden Gang 60 und mehr Kilometer am Tag zurücklegen. Als noch nicht mit dem Gewehr gejagt wurde, hetzten Tubu-Jäger Gazellen im Laufschritt oft über doppelte Marathon-Distanzen bis zur Erschöpfung, um sie dann mit Speer und Wurfeisen (das allerdings nicht sehr treffsicher ist) zu erlegen.

Der Tubu-Kenner Jean Chapelle war zur französischen Kolonialzeit viele Jahre als Meharist im Norden des Tschad. Er schildert einen Fall, der sich 1931 abspielte, aber sich seither in geographischen Variationen immer wieder zugetragen hat:

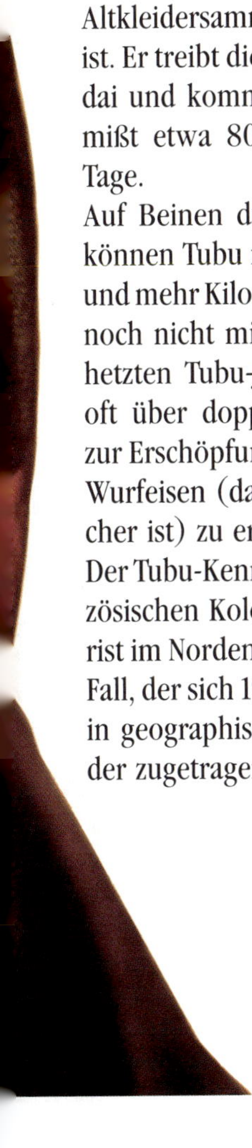

Junge Tubu-Frau. Gold-Clips haben den Nasenring verdrängt.

Ein Vater schickte im November seinen gerade zwölfjährigen Sohn von Bardai nach Murzuk (Libyen), um ein Kamel zu suchen, das von Reisenden „ausgeliehen" war. Dort – 650 Kilometer nördlich – erfuhr der Junge, daß man das Tier unterwegs verloren hätte. Er begann mit Nachforschungen und hörte, das Tier sei bei Madama (weitere 650 Kilometer entfernt in Nordost-Niger) gesichtet worden. Dort mit einer Karawane angekommen, stellte sich heraus: Das herrenlose Kamel wurde von den Franzosen zum Markt nach Bilma geschickt. Mit einem Brief, der ihn als rechtmäßigen Eigentümer auswies, machte er sich wieder auf den unbekannten Weg: allein durch 450 Kilometer Sandwüste, nur mit einem halbvollen Ziegenledersack, der Gerba, voll Wasser auf dem Rücken und ein paar Datteln in der Tasche. Der Junge legte ein solches Tempo vor, daß er die französische Truppe einholte und das Kamel heraussuchte.

Auf dem Rückweg nach Madama stellte er bald fest, daß man seinen Wasserschlauch gestohlen hatte. Er ritt die ungefähr 200 Kilometer ohne Wasser zurück und beschwerte sich beim Kommandanten. Der bewunderte seinen Mut und gab ihm 120 Francs als Entschädigung: „Nun kannst du wieder nach Bardai zurückkehren." Der Junge antwortete: „Natürlich nicht. Da ich nun wieder ein Kamel, eine Gerba und auch noch Geld besitze, werde ich nach Murzuk reiten und Datteln einkaufen."

Nun hatte er schon 1600 Kilometer zurückgelegt, den größten Teil der Wegstrecke zu Fuß. Von hier nach Murzuk und zurück nach Bardai waren es nochmals 1300 Kilometer, zudem begann die heiße Jahreszeit. Nach

Zerkleinerte Dattelkerne, Zusatznahrung für Ziegen. In schlechten Zeiten bereiten sich die Tubu Mehl daraus. Schon Kinder lernen, Durst und Hunger zu ertragen.

insgesamt acht Monaten einsamer Wüsten-Odyssee langte er wieder zu Hause an.

Das Beispiel zeigt nicht nur Mut und Zähigkeit, sondern auch für uns kaum vorstellbare Fähigkeiten von Orientierung und Spurensuche. Anhand von Fährten und dem harten, leichten Dung können nomadische Wüstenbewohner ihr Tier finden. Noch mehr: Sie erkennen, ob ein Kamel männlich oder weiblich, trächtig, krank oder gesund ist, leicht oder schwer beladen war, normal oder schnell getrottet ist. In weniger als einer Generation kommen nun auch vielen Tubu diese Fähigkeiten abhanden. Ihre Kenntnisse als Mechaniker können nicht im entferntesten mit der ererbten Fähigkeit des Spurenlesens mithalten. Der qualvolle Dursttod ereilt weitaus mehr Autofahrer als Nomaden.

Die Tubu sind in etwa 40 Clans organisiert. Die Tomagra (sie wanderten zwischen dem 11. und 13. Jahrhundert vom Tschadsee ein) gelten als der Vornehmste. Neben den Tomagra sind im Borku die Arna und in Djado (Niger) die Gunda führende Clans. Nach dem Vorbild des Derdei im Tibesti stellen auch sie jeweils ihren Sultan. Er hat nur soviel Autorität, wie er sie sich aufgrund seiner Persönlichkeit gerade verschaffen kann

Wehe dem, der diese Früchte für erfrischende Melonen hält! Koloquinten sind giftig und bitter wie Galle. Nach langem Kochen gewinnen die Tubu Öl aus den Kernen.

– selbst wenn sie stark ist, wird er bei den freiheitsliebenden Tubu kaum etwas zu sagen haben. Alle Clans haben jeweils Land, das von ihrem Gründer in Besitz genommen wurde. Kamelen wird die Clan- Marke eingebrannt, Tabus gelten je nach Clan für unterschiedliche Tiere wie Strauß, Eidechse oder Gazelle. Die Mitglieder haben die Verpflichtung gegenseitiger Hilfe in schwierigen Zeiten – und die gab und gibt es fast immer.
Nicht nur aufgrund ihrer Zähigkeit, auch wegen ihrer „organisierten Anarchie" konnten die Tubu bis heute überleben und ihre Freiheit bewahren. Die Gesellschaft ist auf dem einzelnen, freien Individuum aufgebaut. Es gibt keine Hierarchie; Allianzen sind ebenso temporär wie zerbrechlich. Wenn es nur ein Beispiel für Individualisten gäbe, dann wären es die Tubu. Jean Chapelle: „Um sie zu unterwerfen, müßte man nacheinander jedes Zelt zerreißen und jeden Tubu einzeln bezwingen. Wenn sie geschlagen oder verstreut sind, überleben sie genauso wie eine Tierart – trotz der Fallen, die man stellt, und trotz der Jagd, die man auf sie macht."
Das alte Beduinen-Sprichwort gilt gerade auch für die Tubu: „Ich gegen meinen Bruder. Ich und mein Bruder gegen unseren

Cousin. Ich, mein Bruder und unser Cousin gegen unsere Nachbarn; wir alle gegen den Fremden."
Das abweisende, steinerne Land birgt Lebensnischen für Bauern und Nomaden. Besonders im Norden liegen oft verborgene Oasen in Basaltschluchten. Dort wachsen nicht nur Dattelpalmen; im üblichen saharischen „Stockwerkbau" werden auf winzigen Feldern Obstbäume, Stäucher, und darunter Getreide und Gemüse kultiviert. Besonders die Enneris im Südwesten und die Tarso-Hochflächen bieten Kamelen und Ziegen karge Weidemöglichkeiten. Dieser zweite Wirtschaftsbereich gehört den Nomaden – ebenso wie der Fernhandel mit Karawanen. Peter Fuchs schreibt 1956: „Nomaden und Bauern sind rassisch und sprachlich Tubu. Soziologisch besteht ein gewisser Unterschied, denn die Nomaden gehören hauptsächlich jenen Clans an, die relativ spät nach Tibesti eingewandert sind, die das Anrecht auf die Würde des Derdei haben und denen vermutlich die Einführung der Kamelzucht zuzuschreiben ist. Die Nomaden sehen jede Bauernarbeit als niedrig an, ohne allerdings auf die Produkte der Ackerwirtschaft verzichten zu können, was sich wiederum die Bauern zugute halten und den Nomaden, die mit ihren Ziegenherden in die Dörfer kommen, sehr selbstbewußt entgegentreten."
Eine fast symbiotische Abhängigkeit also, wie sie auch zwischen Tuareg und den Bauern der Haussa im Niger besteht: Die Karawaniers bringen Salz und Datteln und erhalten dafür Hirse. Sie können ihre Kamele auf den abgeernteten Feldern der Bauern weiden lassen, die dadurch gedüngt werden. Während sich im Niger daran nichts geändert hat, vollzog sich jedoch im Tibesti durch den jahrzehntelangen Guerilla-Krieg ein tiefgreifender Wandel. Damals lebten etwa 10 000 Tubu im Tibesti, heute nur etwa die Hälfte. Der Rest ist entweder nach Libyen und Niger abgewandert oder ums Leben gekommen. Es gibt weder zuverlässige Zahlen noch soziologische Untersuchungen.
Die Tubu überlebten schon immer durch Flexibilität. Grenzen zwischen Nomaden und Bauern sind nun durchlässig geworden. Durch äußere Umstände oder innere Entscheidung kann ein Nomade zum Bauern werden und umgekehrt. Oasenbewohner geben Ziegen im „Rotationsverfahren" an oft weit entfernte Familienmitglieder. Sie sind wochen- und monatelang auf den Hochebenen unterwegs und werden von den Kleinbauern mit Getreide, Zucker, Tee und Trokkengemüse versorgt. Der Bauer wird zum Nomaden, wenn er zu weit entfernter Dattelernte aufbricht oder Hunderte von Kilometern leerer Wüste durchmißt, um in einer Oase einzukaufen – vorzugsweise in Libyen. Und jeder Tubu kämpft, wenn es die Umstände erfordern.
Obwohl sie längst den Speer mit der Kalaschnikow vertauschten, hat sich weder im materiellen noch im sozialen Bereich viel geändert. Wie einst errichten Tubu-Frauen aus biegsamen Zweigen der Akazie kunstvolle, ovale Zeltgerippe. Sie werden mit Matten aus Blättern der Dattelpalme bedeckt; die beste Qualität liefern die Dum-Palmen. Einige Familien haben an mehreren Stellen – in Oasen, an Weideplätzen – solche Hütten-Gerüste. Sie nehmen nur die Matten und den beweglichen Hausrat mit. Die aerodynamische Form der Hütten bietet zudem guten

Seit Tagen rumpeln wir über die Oberfläche des Mondes – und plötzlich laufen uns Schulkinder entgegen. Die Oase Yebbi-Bu liegt in einer Basaltschlucht verborgen.

Schutz gegen Sandstürme. Häuser in den Oasen sind solider: Ein kuppelförmiges Dach aus Gras und Palmblättern sitzt auf Steinmauern.

In Notzeiten zerreibt man Dattelkerne und mengt das Pulver unter Getreide, was normalerweise nur Zusatznahrung für Ziegen ist. Oft gibt es in schwarzer Trümmerwüste große Flächen mit grapefruitgroßen, melonenartigen Früchten. Sie hängen an Nabelschnüren meterlanger Stengel und zerplatzen nach Austrocknung irgendwann, um ihren Samen zu verstreuen. Doch wehe dem, der sie für Melonen hält. „Bittergurken" werden diese Koloquinten oft fälschlicherweise genannt. Zumindest stimmen die ersten beiden Silben. Appetitlich und erfrischend sehen sie aus, aber ihr Fruchtfleisch ist so bitter wie Malaria-Tabletten. Nur Ziegen fressen sie kleingeschnitten.

Stundenlang und mehrfach gekocht, gewinnen Frauen aus den giftigen Kernen ein nussig schmeckendes, ölhaltiges Nahrungsmittel. Oft wird es mit entkernten Datteln verknetet und als Stärkung auf Karawanenreisen mitgenommen.

Auch Frauen tragen ein Messer, das meist wohlweislich oben abgestumpft ist. Sie gel-

ten als streitlustig und heißblütig im wirklichen Sinn. Beleidigung oder Betrug durch den Ehemann läßt sie schnell zum geschliffenen Eisen greifen. Obwohl der Tubu-Mann das islamisch verbriefte Recht auf vier Ehefrauen hat, lebt er bis auf wenige Ausnahmen doch nur mit einer zusammen. Kosten für die Heirat können von den verhältnismäßig armen Tubu nur einmal aufgebracht werden. Vor allem käme es bei zwei Ehefrauen trotz vorgeschriebener getrennter Wohnungen bald zu blutigen Kämpfen, vielleicht sogar zu Totschlag.
Wird eine Frau von ihrem Mann nicht mehr akzeptiert, so hinterläßt sie noch einen Löffel, eine Kalebasse und ihre Matte. Doch die selbständigen Ladies können auch aus eigenem Willen ihren Mann verlassen. Es genügt, durch ihren Bruder den Ehemann zu ersuchen, sie zu verstoßen.
Andererseits bedienen sich Tubu-Frauen verschiedener Pflanzendrogen, um einen Mann an sich zu fesseln. Leider war das Rezept nicht zu ermitteln.

Weintrauben in der Basaltwüste

Aus dem zerrissenen Hochplateau ragen einzelne, scheinbar unendlich ferne Bergkegel in gläsernem Hellblau; es scheint, als seien sie auf den Horizont geklebt. „Landschaft" ist eher eine unpassende Bezeichnung für diese grenzenlos einsame, düstere Gegend aus Ignimbrit-Brocken, die irgendein Riese verstreut haben könnte. Vielleicht wollte er darunter alles Leben begraben? Es ist ihm nicht gelungen. An den Enneris steht zartes Grün neben abgestorbenen Akazien: Symbole sich erneuernder, organischer Kraft, kaum zu sehen und dadurch doppelt eindrücklich.
Die erstaunlich gute Piste schlängelt sich in weiten Kehren über die wellige Mondlandschaft. Rechts von uns erhebt sich südlich der Piste die zerklüftete Vulkan-Ruine des Tarso Voon. Das Kraterloch, die Caldera, hat einen Durchmesser von fast 20 Kilometern. Noch vor schätzungsweise 10 000 Jahren gab es Eruptionen im Tibesti; letzte Ausbrüche etwa zwanzig Millionen Jahre andauernder Lava- und Ascheregen. Einige Vulkane spuckten gigantische Wolken von Materie aus, die sich zum weichen Ignimbrit verdichtete; aus anderen flossen Ströme glühenden Magmas, das schlierig-porös zu weiten Basaltdecken erkaltete und später durch Verwitterung in schwarze Brocken zerfiel.

60 Kilometer östlich von Bardai: die Oase Uanufu. Auf schwarzen Trümmerhalden gedeiht ein kleiner Palmenhain, ein paar Dutzend Strohhütten drängen sich zusammen. Der junge Militärchef, gerade in zivilem Weiß, serviert uns zur Begrüßung Tee und „Tuni fohi" – ein staubtrockenes, doch wohlschmeckendes Mehl aus zerstampften Datteln und Erdnüssen.
Auf meinen Wunsch fahren wir aus dem Ort, wo am Talrand Basalt zu symmetrischen Hektogonen erstarrt ist; die senkrecht stehenden, meterhohen Stangen gleichen riesi-

Wir lassen den Mond für eine Weile hinter uns. Oben am Steilabbruch dehnt sich schwarzes Gestein bis zum Horizont. Unten im Tal von Yebbi-Bu rauscht Wasser, zwitschern Vögel. Datteln und Weizen gedeihen prächtig. Es gibt sogar Trauben.

gen Orgelpfeifen. Auf der Ladefläche des Militär-Toyotas drängen sich Soldaten, für die unser Besuch und der kurze Ausflug den Unterhaltungswert einer Fernsehshow besitzt. Am Checkpoint der Piste dösen zwei Wachposten, die Piste ist mit leeren Benzinfässern versperrt.

Dahinter erhebt sich eine etwa 50 Meter hohe Steilwand aus weiß gebändertem Kalk und dunkleren Sedimenten: Steilufer eines großen Sees, der hier zwischen ungefähr 16 000 und 7300 Jahren vor heute existierte. Wie Lagen eines Schichtkuchens sind hier Kieselalgen, Pflanzenfasern, Kies und Erde verbacken; das organische Material konnte mit Hilfe der C14-Methode datiert werden und gibt ein genaues Bild verschiedener Klimaphasen.

Meine Absicht, ein enges Seitental zu erkunden, wird von den Soldaten mit Schrecken aufgenommen – dort herrsche der „Muschi". Tote würden hier wieder auftauchen, auf den Klippen heulen und Lebende mit ins Jenseits reißen. Mit äußerstem Mut stellen sich Tubu jedem Feind in den Weg – doch vor nichts in der Welt haben sie eine solche Angst wie vor Muschi, dem Teufel. Einige auf der Ladefläche tuscheln, als ich ungeschoren zurückkehre.

Zurück im geräumigen Lehmhaus, läßt der Comchef Nudeln mit Hammelfleisch auf großen Tellern servieren. Es folgt ein Berg gekochter Eier, dann Innereien: Leber, Nieren, Herz und Kutteln. Mit übervollem Magen unternehmen wir einen Ausflug in das Dorf.

Ich warte auf einen Menschen, der das Bild belebt. Dann öffnet sich die Tür.

Nachbarn schließen sich dem seltenen Besucher an. Die Kinder folgen in weitem Abstand und betrachten mich mit einer Mischung aus Neugierde und Scheu. Sie haben noch nie einen „Nazarah“, einen „Weißen“, gesehen. Vor rund zehn Jahren dürfte der letzte Europäer sich hier aufgehalten haben. Giftgrün steht unter Palmen der noch niedrige Weizen. Er wird mit Kalk und Mineralien des fossilen Sees gedüngt. Anfang Januar gesät, ist er Ende April reif, dann folgt die Hirse. Ab Mitte März wird auch Gemüse gezogen: Zwiebeln, Tomaten, Salat. Im Sommer gedeihen Früchte: Feigen, Zitronen, manchmal Trauben, von den Franzosen eingeführt. Die Sonne sackt weg, es wird sofort kalt. Wir hocken im Haus, tränenden Auges vor qualmendem Feuer, auf bunten libyschen Teppichen. Es gibt wieder Tee. Hier sind die Leute teesüchtig, bekommen nach einem halben teelosen Tag Entzugserscheinungen wie ein Alkoholiker ohne Whisky. Dem schon strapazierten Magen droht neues Ungemach in Form von Hammelkeulen und knusprigem Fladenbrot. Gukuni rülpst befriedigt. Nochmals serviert einer der Soldaten Tee, den jeder laut schlürfend einzieht. Später wird im Licht der trüben Ölfunzel das mitgenommene Nachtigal-Buch studiert. Daß die Tubu dem Nazarah so zusetzten, erheitert jeden. Lautes, anerkennendes Schnalzen für seine Leistungen. Lange verharrt der Lichtkegel einer Taschenlampe beim historischen Stahlstich der sich begrüßenden Tubu, bei Speer und Wurfeisen. Später schnarcht Gukuni wieder einmal so laut, daß die Lehmwände einzustürzen drohen und ich aus der behaglichen Wärme des Raumes in die Eiseskälte meines Landrovers flüchte.

Um halb sieben serviert ein Hilfs-Soldat unser Frühstück: ein Riesenteller Nudeln mit zartem Fleisch. Ich esse davon mit Appetit, aber das nachfolgende Hammelfleisch ist denn doch nicht das rechte Frühstück für mich. Zwei grelle Lichtbündel bohren sich wie Laserstrahlen durch Löcher in der Tür, tanzender Staub vermischt sich mit dem Rauch des Feuers. Mahamat schneidet die besten Stücke des Bratens heraus, gibt sie uns zusammen mit Eiern als eiserne Reserve mit auf den Weg. Gustav Nachtigal kam leider nie in den Genuß solcher Gastfreundschaft bei den Tubu. Auch heutzutage ist sie eher eine Ausnahme.

Die nächste Oase ist Yebbi-Suma. Noch in den sechziger Jahren befanden sich die Hütten auf dem Grund einer Basaltschlucht, nun sind sie bis auf wenige Ausnahmen oben, weil während der Revolution weite Sicht lebenswichtig war – etwa 30 Behausungen der üblichen Kuppelform im Geröll, vor kalten, nackten Bergen. Die Siedlung wirkt wie der letzte Splitter einer sonst ausgelöschten Menschheit. Eine Frau melkt ihre Ziegen vor ihrer Hütte aus Steinen und Stroh. Wir fahren weiter.

In Yebbi-Bu kommen uns Schulkinder auf dem Nachhauseweg entgegen. Ihre Fröhlichkeit in einem schwarzen, scheinbar endlosen Basaltfeld, der Gang von nirgendwo hat etwas Surreales. Bald sehen wir, daß es tatsächlich zwei Pole menschlicher Existenz in der Verlassenheit gibt: Auch hier auf dem Plateau krallen sich Steinhäuser in den Fels. Auf der anderen Seite hinter dem sichtbaren Horizont muß die grüne Oase liegen, verborgen in breiter Basaltschlucht.

Alles ist hier oben abweisend: die fürchterliche „Piste“ aus kohlkopfgroßen Vulkanbrokken, die Mauer vor dem militärischen Teil mit ihren ungefähr 50 Rundhäusern, der vollbärtige „Comsecteur“ – mißtrauisch, verschlossen, ohne jede Regung. „Sie werden drüben etwas zum Essen erhalten, und verlassen bitte bis morgen nicht das Haus.“ Ein paar hundert Meter von hier wurde Françoise Claustre für über ein Jahr gefangengehalten, bevor Tubu-Soldaten sie in ein anderes Felsversteck brachten.

„Hausarrest“ also für heute. Ich versuche, im Hof des „Gästehauses“ an meinem wackeligen Campingtisch zu arbeiten. Ein junger Militär mit etwas zu lauter Stimme und etwas zu festem Händedruck, das Käppi weit in die Stirn gedrückt, fragt nach Zigaretten. Leider sind sie auch meinem Begleiter ausgegangen. Im Hof versammeln sich Schaulustige, beim Versuch einer Ganzkörperwäsche tauchen Neugierige hinter der Steinmauer auf; mein Toilettengang wird mit Interesse verfolgt. Es sind zu Tode gelangweilte Saras aus dem Süden, keine Tubu. Der volkommene Mangel an Intimsphäre, das ständige, gezwungene Zusammenkleben mit dem nikotinlosen, immer schlechter gelaunten und rechthaberischen Gukuni zerren jetzt nach überstandenen Gefahren an meinen Nerven.

Als „Menü“ werden wir mit eisernen Rationen für US-Soldaten beglückt; neben Waffen und kostenlosem Weizen zur Destabilisierung des Marktes wohl der wichtigste Teil amerikanischer Entwicklungshilfe. Lustlos nage ich an viel zu süßem nuitfruit cake und salzigen crackers mit cheddar cheese; das olivgrün eingeschweißte chicken with ham ist später kaum eine kulinarische Steigerung. Auch abends reißt der Besucherstrom nicht ab: Bitten um Zigaretten, Zeitschriften, Kugelschreiber, Filme für einen Fotoapparat, den längst das Zeitliche gesegnet hat. Doch wer könnte den ausgenutzten, kaum bezahlten „Landesverteidigern“ deshalb etwas vorwerfen?

Abends trinke ich zwei fingerhutkleine Portionen meines letzten Whiskys, noch in Bardai zum fünffachen Ladenpreis erstanden. Aus dem Radio klingt Versöhnliches: Ein Orgelkonzert im Zisterzienser-Kloster Fürstenfeldbruck schwebt, jubiliert und lobpreiset auf Kurzer Welle.

Neben der Musik war Sayed gestern die gute Überraschung. Seit fünf Jahren hier ohne Heimaturlaub, verdämmert der fünfundzwanzigjährige Leutnant hier nicht stupide Tage, Wochen und Monate, sondern liest gern. „Ich habe wiederholt etwas aus N'Djamena bestellt, aber es kommt nicht an.“ Ein paar zerfledderte Taschenbücher und Zeitschriften bilden seine Sammlung. Ich ergänze sie zu seiner Freude durch das Tubu-Buch von Chapelle.

Sayed bewirbt sich als „Bewacher“ und verschafft mir so ein paar Stunden Urlaub von Gukuni. Der fünfundsiebzigjährige Hamid Brak will uns in die versteckte Oase führen. Klein, vertrocknet steht er vor uns, in langem Armeemantel und offenen Schuhen ohne Schnürsenkel. Weiße Haare leuchten unter grünem Turban; seine Augen im faltigen Gesicht haben getrübte Pupillen, im Mund behaupten sich drei einsame Zähne. Wieselflink eilt der Alte über die Basaltwüste.

Konzentriert geht es halb im Laufschritt voran, dem üblichen Marschtempo der Tubu. Dann plötzlich 100 Meter unter uns dichte

Kronen von Dattelpalmen. Getreidefelder leuchten. Rufe von Mädchen hallen herauf, die zwei störrische Ziegen die Steilwand hinunterzerren. Auf schmalem, steinigem Pfad geht es ins Tal. Eine Tubu-Frau in leuchtend rotem Kleid düngt ihre Weizen-Terrassen. In ihrem Nasenflügel leuchtet ein runder, goldener Clip. Nasenringe gelten hier als rückständig und werden anders als bei den Daza-Damen hier kaum noch getragen.
Drei Palmen ragen aus dem Weizenfeld. Ein silbrig glänzender Fluß schlängelt sich durch das Grün, die lang vermißte frisch-würzige Luft weckt Erinnerungen an Wanderungen im Wald. Schilfdickicht steht weiter oben vor einem künstlichen See; weiße Wasservögel staken mit langen Beinen am Ufer. Dahinter stehen himmelhohe, senkrechte Basaltfelsen, begrenzen hier die Schlucht. Verdeckt von herunterhängenden Zweigen rauscht eine Quelle, Tauben gurren in den Bäumen. Wenn es ein Paradies im Tibesti gibt, dann hier. Vielleicht ist es das Paradies überhaupt. Wir folgen jungen Ziegen, die im Ufergras nach frischen Pflanzen suchen. Der Duft ausschlagender Feigenbäume lockt, in einem der Gärten steht ein Rebstock mit halbreifen Trauben, sorgfältig hochgebunden. Daneben wachsen Limonen, Granatäpfel, Melonen. Ein Oasenbauer pflegt sein Feld, auf dem Salat und Kartoffeln gedeihen.
Viel zu früh eilt Hamid Brak wieder nach oben, der Steinwüste entgegen. Uns folgt eine Frau mit schwerem Wassersack. Wieder oben in flimmernder Lavawüste, scheint alles nur ein Traum gewesen zu sein.

Zunächst halte ich das Bild für eine Sinnestäuschung. Doch hier leben Menschen.

Bei Djimmy in der Wildnis

Zum letzten Mal an diesem Tag gehe ich noch einmal zum Landrover, der abseits auf einer Felsplatte steht. Fast vergessen ist schon die mühsame Fahrt von Yebbi-Bu durch das tiefsandige Enneri Misky. Kabelbrand, Abschleppen durch tschadische Militärs und Reparatur – statt des Zündschlüssels benutze ich nun ein Kabel, das gegen zwei zusammengedrehte andere Drähte gehalten wird. Daß noch drei Kabel aus dem Armaturenbrett hängen, die eigentlich „nicht wichtig" seien, beunruhigt schon etwas.
Ein paar Notizen noch, bald ist es wieder an der Zeit, ins Zelt zu kriechen. Auch ein Nachtmensch wie ich geht hier früh schlafen. Die Sterne werfen kaltes Neonlicht auf den Sand des Enneris. Der Große Wagen steht auf dem Kopf, berührt mit der Deichsel den Horizont, aus dem bald ein schiefer Mond emporwachsen wird. Eine Sternschnuppe verglüht in diesem Moment und fällt mit langem Schweif so tief, als würde die glühende Materie vor mir in den Boden einschlagen.
Mahamat steht so urplötzlich neben mir, daß ich erschrecke. In seinem schwarzen Burnus glitt er lautlos wie eine Fledermaus heran. „Kalaha!" Die Begrüßung wird bei den Tubu in langer Litanei vorgetragen, Fragen nach dem Woher und Wohin, dem Wie-geht-es-der-Familie und Was-macht-die-Gesundheit angehängt. Es ist anzunehmen, daß die langen Begrüßungsformeln ursprünglich den Sinn hatten, Aggressionen abzubauen – auch sich feindlich Gesinnte folgen dem Ritual. So will es der Brauch – auch anderswo in der Sahara. „Viän manjee!" fordert Mahamat mich zum Essen auf. Der Zwölfjährige spricht kein Wort Französisch. Sicher hat Gukuni es ihm gerade beigebracht.
Das große Feuer wirft rötlich zuckende Farbmuster an den Sandsteinfelsen, von einem niedrigen Strohzaun abgegrenzt. Der Felsen bietet Schutz vor Sonne und Wind, Teppiche sind rund um die Glut gebreitet. Gukuni liegt in üblicher Freizeithaltung auf seinem abgestützten Arm, den rechten Fuß auf das angewinkelte Knie gelegt. Unser Gastgeber Djimmy sitzt gerade aufgerichtet am Feuer, das scharfgeschnittene Gesicht vom Turban halbverdeckt. In wunderlichem Französisch weist er mir einen Platz neben sich an. Im Schatten kauern seine erwachsenen Söhne Halim und Mohammed. 20 und 22 Jahre alt mögen sie sein.
Mariam huscht heran, stellt eine Schüssel mit geflochtenem Deckel ab. Schon ist die Vierzehnjährige wieder scheu im Dunkel der Nacht verschwunden. Frauen und Männer essen bei den Tubu getrennt, dürfen einander nicht einmal bei den Mahlzeiten zusehen. Trifft ein Fremder ein, so läßt er die Frauen vollkommen unbeachtet, als seien sie nicht anwesend. Was bei uns eine Kränkung wäre, ist hier der gute Ton. Trifft ein junger Mann auf ein Mädchen und sind beide unverheiratet, so steht er meist mit dem Rücken zu ihr oder redet zumindest in eine andere Richtung – so will es die Sitte. Selbst der beste Freund wird niemals das Mattenzelt der Frau seines Freundes betreten.
Djimmy verteilt Blechlöffel. Wir warten, bis er mit dem arabischen Segensspruch „Bismillah" zum Essen auffordert. Es gibt Reis mit Rahm und saurer Ziegenmilch, wie gestern. Das gleiche auch morgens. Mittags ein paar Datteln. Aber hinterher immer süßen Tee aus einer weißen, zerkratzten Kanne. Harte, eingekochte Datteln ersetzen weitgehend

Djimmys Sohn Mohamed ist vor einigen Tagen Vater geworden. Die Familie lebt am Westrand des Vulkanriesen Emi Kussi.
Seite 148/149: Der Tubu Djimmy geht mit dem Schnellfeuergewehr auf Gazellenjagd.

den Zucker. Die Familie ist fast gänzlich Selbstversorger. Mehrfaches Umgießen, Abschmecken, aber keine Zeremonie wie bei den Tuareg, auch nicht die dort üblichen drei Gläser. Jeder trinkt hier so viel Tee, wie es gibt, oder wie er möchte.

Die schönste Stunde beginnt. Meine Müdigkeit weicht durch den heißen, starken Tee noch einmal kurz belebenden, zusammenhanglosen Gedanken. Die Männer unterhalten sich angeregt in ihrer schnellen, fast asiatisch klingenden Sprache – viele nasale, gutturale Laute sind darunter, so wie yinin, tchang und irr – „komm". Ich verstehe nichts, doch ich fühle mich nicht ausgeschlossen, bitte Gukuni längst nicht mehr um eine lustlose, wahrscheinlich rudimentär gekürzte und verfälschte Übersetzung. Die Gedanken kreisen. Ich starre in das heruntergebrannte Feuer, bis meine Augen tränen und die Müdigkeit kommt.

Schon vor Sonnenaufgang weckt mich das durchdringendhelle Klagen einer Jungziege, die unbeirrt nach Milch ruft. Bald fällt warmes Licht auf den „Ziegenfelsen", der mit Dutzenden von Artgenossen bevölkert ist. Beim Näherkommen schaut mir die ganze Kolonie aus geschlitzten Bernsteinaugen auf-

Wenn Hauwa nicht gerade mit ihren Schwestern Ziegen hütet, hilft sie ihrer Mutter oder holt Wasser, das am Ende des Tals in eine Grube sickert. Es ist trüb, aber gut.

merksam nach. Erst jetzt um halb sieben erwacht das Leben am gegenüberliegenden „Männerfelsen". Fast bis Mitternacht wehten Wortfetzen der harten Tubu-Sprache zu mir ins Zelt herüber.

Es gibt heute mild gesalzenen Reis mit etwas Öl. Während wir geruhsam den Tag beginnen, geht es drüben bei den Ziegen lebhaft zu. Die vier Mädchen sind nun fast hektisch bei der Arbeit. Bevor die Herde von ungefähr 100 Tieren zur Weide geführt wird, zunächst das Melken: Die Zicklein werden aus Verschlägen befreit, springen meckernd zu ihren Müttern und beginnen am Euter nach Milch zu stoßen. Schon nimmt es eins der Mädchen auf den Arm, das andere beginnt zu melken. Grazil trägt Mariam das Milchgefäß auf der Schulter.

Oft nehmen Ziegenmutter und Kind zusammen Reißaus. Dann machen sich besonders die Kleinsten einen Spaß daraus, sie zu fangen. Hauwa und Ghawa, beide zwischen vier und fünf, laufen federleicht durch den Sand, turnen auf die Felsen und kommen stolz, übermütig hüpfend mit dem Jungtier zurück. Ihre Köpfe sind bis auf eine „Irokesenlocke" kahlgeschoren. Der Haarkamm ist im Norden des Tschad und in anderen Teilen der

Djimmy mit seinem zweiten Sohn Halim. Die untergehende Sonne wirft rötliches Licht an den Felsen, unter dem sich so gut reden und Tee trinken läßt.

Sahara bei Kleinkindern allgemein üblich. Oft bleibt nur ein rundes Haarbüschel. Sollte das Kind einmal sehr krank werden und in den endlosen Tunnel zum Jenseits rutschen, könnte Allah es in seiner Güte noch am Schopf packen und wieder ins Leben führen. Während die beiden älteren Schwestern – Khadija ist ungefähr 16 – mit der Herde auf die karge „Weide“ des Enneri ziehen, zerrt Djimmy mit Mohammed einen sich sträubenden Bock zu hochliegenden, flachen Felsen. Sie ähneln einem urzeitlichen Opferplatz. Als ob das Tier seinen Tod erahnt, liegt es nun ruhig mit dem Kopf nach Mekka. Djimmy murmelt Koranverse. Ein schneller Schnitt durch den Hals, letztes Röcheln, Blut sprudelt schäumend auf den Stein. „Ich hänge an jedem Tier, aber wir können nicht nur von Milch und Reis leben, außerdem bist du unser Gast.“

Ganz autark kann niemand sein, aber Djimmy ist schon ein ziemlicher Selbstversorger. Zweimal im Jahr geht er mit einigen seiner zehn Kamele die rund 300 Kilometer zum Markt nach Faya und verkauft einige Ziegen. Mit dem Geld besorgt er sich Reis, Tee, Datteln, etwas Zucker und ein paar Stoffe. Die Nähmaschine besitzt er selbst.

Wie die Tuareg würden auch die Tubu lieber auf eine Mahlzeit als auf ihren geliebten Tee verzichten. Stark und reichlich gezuckert, ist er wirkliches Lebenselixier.

Mit der kleinen Hauwa komme ich auf dem Weg zum Brunnen am zweiten Mattenzelt vorbei. Eine weibliche Stimme ruft. Alle Etikette vergessend, antworte ich. Heraus schaut eine wunderschöne, junge Frau. Auf der Stirn trägt sie eine Kaurimuschel – Zeichen, daß sie stillende Mutter ist und einen Monat mit dem Neugeborenen im Haus bleibt. Selbst ihr Mann darf sie nicht sehen. Ich habe einen Fauxpas begangen, schrecke zurück und blicke mich verstohlen um.

Der Nebenarm des Enneri endet hier in einem Felskessel. Ein Loch wurde in den Sand gegraben, viereckig mit Zweigen ausgekleidet und so eng, daß gerade die Kleinen hineinpassen und lehmtrübes Wasser herausschöpfen – nicht appetitlich anzusehen, aber offenbar frei von Mikroben. Gibt es keine Gräser mehr während der Tageswanderung mit den Ziegen im Enneri oder sackt der Wasserspiegel hier ab, so zieht die Großfamilie zu einem anderen Trockental, einen Tagesmarsch entfernt. An allen drei Stellen besitzt Djimmy die üblichen Hausgerippe „und noch mehr", wie er geheimnisvoll berichtet.

Am fünften Tag geht es auf einen „kleinen Spaziergang" mit Djimmy. Ich rechne mit mindestens 15 Kilometern, aber es wird rund das Doppelte. Mein Gastgeber schultert seine Kalaschnikow in der Hoffnung, eine Gazelle zu erlegen. Das Schnellfeuergewehr ist ein Relikt aus seiner Rebellenzeit. Zunächst will Djimmy nach zweien seiner Kamele sehen. Wir joggen über Felsbrocken, direkt nach Osten. Vor uns erhebt sich der Emi Kussi, mit 3415 Metern höchster Berg der Sahara. Statt des erwarteten Vulkankegels präsentiert er sich wie ein flachgedrückter Pudding – eine flächige, leicht gewölbte Masse. Viel dramatischer wirken dagegen gigantische Quader, Nadeln und Zacken wie Rücken vorsintflutlicher Saurier aus weicherem Sandstein.

Auf den Geröllebenen klirrt scherbiger Gesteinsschutt unter unseren Füßen wie Glas; wir tauchen ein in weichsandige Enneris, keuchen (nur einer von uns keucht) wieder hinauf, wo erneut wie zum Hohn die immer gleiche sanfte Rundung des Emi Kussi vor uns steht. Die canyonartigen Enneris ziehen sich mit ihren Vegetationsstreifen bis auf fast 3000 Meter. Oben soll es heiße Quellen und vor allem Hirten geben, die am Rande der Caldera urwelthaft abgeschieden in Steinhöhlen hausen; noch im Sommer sei dort Eis, beteuert Djimmy. In einem zweiten Kraterloch wachsen Palmen. Die beiden Kamele finden wir. Das Enneri ist noch durch Dornengestrüpp abgesperrt, bietet weiterhin genügend Nahrung. Also weiter im lockeren Schritt der Tubu. Nach ungefähr drei Stunden in nun östlicher Richtung

Hauwa spielt mit einer Dornschwanzangame. Morgens sind die Tiere noch klamm und bewegen sich nur schwerfällig.

An wild zerklüfteten Bergen vorbei werden Djimmys Ziegen jeden Morgen von den Mädchen auf die „Weide" getrieben. In der Höhle hält Djimmy eine Tonne mit Trinkwasser verborgen. Der Felsen ist mit Rinder- und vor allem Kamel-Figuren bedeckt.

kommen wir an eines seiner Ausweichquartiere. Ein Knüppelzaun steht hier vor zwei Hütten aus stabilen Ästen; drinnen liegen zusammengerollte Teppiche, zwei Säcke mit Reis, ein fast neuer Plastikkoffer, eingenäht in Sackleinen. Darin seien Medikamente aus Libyen, flüstert Djimmy. Ich entdecke überwiegend längst abgelaufene Antibiotika und Spritzen, die hier bei Sommertemperaturen von 45 Grad im Schatten vor sich hinschmoren und rate zur sofortigen Vernichtung – er will es sich noch überlegen.

Eines sei noch wichtiger, sagt Djimmy geheimnisvoll. Er federt auf ein helles Felsmassiv zu, an dessen Rand Gebilde wie 20 Meter hohe Stiefel stehen. Djimmy tarnt hier in einer Höhle hinter Ästen eine Tonne mit dem Wichtigsten im Leben: Wasser. Neolithische Jäger und Hirten mögen hier schon lange gelagert haben – diese „abris" sind Überhänge oder offene Höhlen, die während Jahrtausenden witterungsgeschützte Lager- und Wohnplätze boten. Neben Djimmys moderner Tonne sind in der glatten Oberfläche des Gesteins Gravuren von Kamelen und einige Zeichnungen von Pferden mit Reitern in rostroter Farbe angebracht – überwiegend in abstrakter Dreiecks- und Strichmännchen-

Manier: letzte Epoche der Felskunst, den Beginn der Sahara dokumentierend. Noch bis zur Zeitenwende konnte man hier mit Pferden reisen, das Großwild war längst abgewandert. Dann begann der Siegeszug des Kamels.

Nach ungefähr einer Woche bei Djimmy rüsten wir uns zur letzten Etappe, zurück nach Faya-Largeau. Djimmy will mit zum Markt, verabschiedet sich von Söhnen und Frau, steigt als Gast in meinen Landrover, mit dem ich noch vorgestern zum zweiten Mal die Felsgravuren besuchte. Doch beim Zusammenfügen der Kabel passiert gar nichts. Nicht einmal ein trockenes „Klick". Die Batterie hatte sich entladen. Auch mit der Handkurbel springt der Motor nicht an. Einen langen Tag lang ziehe ich die wenigen Register meiner Kenntnisse als Automechaniker.

Djimmy wird uns Kamele für den Rückweg vermieten.

Aufs Kamel gekommen: zurück nach Faya

Djimmy schickt den ältesten Sohn, um die Kamele zu holen. Mohamed ist verheiratet und gerade Vater geworden, aber darf seine junge Frau noch immer nicht sehen. So wird ihn dieser kleine Ausflug etwas von der traditionell verordneten Abstinenz ablenken. Die Tiere seien nicht weit, meint Djimmy. Mohamed könne schon in zwei Tagen wieder zurück sein, Inschallah. Zwei Tage, das sind mindestens 100 Kilometer – etwa so unbedeutend wie für uns ein Gang zum nächsten Supermarkt. Der ernste Sohn braucht denn auch nur seine Decke und einen kleinen Beutel mit Datteln. Wasser wird er unterwegs finden.

Nun beginnen die Verhandlungen. 300 Kilometer sind es nach Faya-Largeau; eine gemütliche Woche. Allein würde notfalls ein Kamel für das Gepäck reichen. Weil neben Gukuni auch Djimmy dabei sein wird, also drei Kamele. „Und was ist mit Mohamed und Hali? Sollen die etwa zu Fuß laufen? Du mußt fünf Kamele mieten."

„Ich miete Kamele für unseren Rückweg, also drei. Wenn Du Deine Söhne mitnehmen willst, kannst Du mir doch nicht deren Tiere berechnen."

„Weißt Du, daß die Gegend schwierig ist? Sie müssen die Hälfte der Strecke durch tiefen Sand gehen, aber es sind Felskamele. Ihr Futter ist teuer, das ich in Faya kaufen muß. Dann eine weitere Woche zurück. Glaubst Du, wir leben nur von Wasser und Tee? Und was ist, wenn ein Tier sich das Bein bricht? Trotz all dieser Nachteile bin ich bereit, Dich für 300 000 Francs nach Faya zu bringen."

Mir stockt der Atem. Umgerechnet sind das 1800 Mark. Und Djimmy ist es ernst damit: „Wir handeln nicht wie die Araber. Wenn Dir der Preis nicht zusagt, gibt es eben keine Kamele." Er beherrscht die Grundregel kapitalistischen Egoismus: eine Notlage des anderen auszunutzen, um selbst das Maximum daran zu verdienen. Dabei sagt mein Gastgeber nun unverholen, daß ohnehin ein Marktbesuch in Faya ansteht. Vielleicht fände er auch eine Frau für Hali.

Am Abend sind wir trotzdem bei der Hälfte des Preises – für hiesige Verhältnisse noch immer sehr teuer. Zusätzlich muß ich mich verpflichten, bei Abholung meines Landrovers zwei Radios mitzubringen. Hali ergänzt: „Mit Kassettenteil." Djimmy verläßt brüsk das Lager: „Ich habe den ohnehin schon

Mein Landrover bleibt mit einer Panne stehen. Bedächtig bereitet Djimmy die Kamelsättel vor. Über 300 Kilometer nach Faya. Wir werden ankommen, Inschallah.

niedrigen Preis gesenkt. Kein Wort mehr darüber."
Drei Tage nach seinem Weggehen kehrt Mohamed wortlos mit sieben Tieren zurück. Zwei davon sind junge, etwa dreijährige Stuten. Ein Bulle hüpft auf zusammengebundenen Vorderbeinen auf uns zu, läßt seinen knorplig- kantigen Schädel mit den kleinen Ohren und der süffisant hochgezogenen Oberlippe aus etwa vier Meter Höhe auf uns kleine Erdenbürger gnädig herab. Er bettelt um Datteln und frißt sie aus der Hand. Ein seltenes Kamelverhalten. Wir freunden uns sogleich an. Ich nenne ihn Faya.

Djimmy arbeitet weiter bedächtig an den Lastsätteln – zwei Krümmungen von Astgabeln, an denen Querhölzer befestigt sind; ausgepolstert mit Sackleinen und Stroh, neu zusammengeschnürt mit feuchten Lederstreifen, die sich nach dem Trocknen zusammenziehen. Mittags soll es losgehen. Ich hole letzte Konserven und das wichtigste Gepäck aus dem Wagen, baue das Zelt ab, warte. Am Nachmittag meint Djimmy: „Mohamed hat noch einen Tag des Fastenmonats Ramadan nachzuholen. Er kann so nicht reisen. Wir werden morgen aufbrechen." Es fällt trotz jahrelang antrainierter Geduld schwer, nicht

ungeduldig zu werden. Zehn Tage nach unserer Ankunft bei Djimmy und drei Tage, nachdem die Kamele hier eintrafen, werden sie nun endlich beladen.
Große Ledersäcke für den Dattelkauf werden herangeschafft, Säcke mit Lebensmitteln, rußigen Kochtöpfen und dem wichtigen Teegeschirr. Schon dämmert es. Djimmys rundlich-energische Frau bringt uns Karawanennahrung, gestampfte Datteln mit gekochten Koloquinten-Kernen: süß und nussig, aber sicher den Durst fördernd. Sein jüngster Sohn Mahamat wäre gern mitgekommen und muß mühsam seine Tränen zurückhalten, aber ein zwölfjähriger Tubu weint nicht. Die beiden heiratsfähigen Mädchen – ungefähr 15 und 17 – halten sich wie immer scheu zurück, die kleine Hauwa hüpft nicht mehr. Djimmy verläßt grußlos sein Lager. Ich werfe einen letzten traurigen Blick zu meinem Fahrzeug: vorläufiges Ende einer Dienstfahrt.
Es weht ein kalter, böiger Wind. Noch ein Rest Helligkeit hängt am Himmel, gegen den sich die Silhouetten unserer fünf Tiere mit den typischen Tubu-Drahtringen über den Nüstern abheben. Es geht über hohl und gläsern klingende Steine in die Nacht hinein. Bald beleuchtet ein gelber, halber Mond gezackte Berghalden vor uns, die seit meiner Ankunft das südliche Gesichtsfeld begrenzten. Als sie umgangen sind, erwachen mit der Neugierde wieder frische Energien. Obwohl Djimmys Siedlung mitten in grandioser Landschaft und extremer Wildnis

Auch am Südrand des Tibesti stehen bizarre Berge. Wir reiten. Die Zeit fließt.

liegt, kam in den letzten Tagen ein Gefühl der Enge auf. Nun liegt ein neuer Horizont vor uns im kalten Licht des Mondes, unter dem breiten Band der Milchstraße.
Seit einer Stunde reiten wir. Mein Leihkamel Faya zeigt sich auch hier als guter, neuer Freund. Nicht das übliche Protestgebrüll kam beim Niederknien aus dem schiefen Maul, keine braunen Zähne versuchten nach mir zu schnappen, als ich mich auf den mit Dekken gepolsterten Höcker schwang. Faya faltete sich nur mit einem kleinen Seufzer in den üblichen vier Stufen ruckartig auseinander. Nun schaukeln wir durch die Nacht.
Ich denke an den kleinen Lebensraum in der Wüste, von dem wir uns nun stetig weiter entfernen. Die Mädchen werden wieder früh die Ziegen holen und melken, ihre ältere Schwester sie zur Weide führen; sie werden Wasser holen, Holz sammeln, Hirse stampfen, neue Matten flechten. Vielleicht werden Khadija und Mariam bald verheiratet, Kinder bekommen und irgendwohin ziehen, doch nicht anders leben. Einen „Kulturwandel" dürfte es auch in der neuen Generation hier kaum geben.
Wir reiten an Felsgebilden vorbei, die im schwachen Licht wie tanzende Elfen und schlafende Drachen wirken. Trotzdem können sie nicht davon ablenken, daß es kalt geworden ist und mein linker Fuß einzuschlafen droht. Also rutsche ich nach altbewährter Tuareg-Manier seitlich vom Kamel, rolle unten ab und humple hinterher. So kann die Karawane weiterziehen. Djimmy

Ausläufer großer Sanddünen züngeln in die Täler. Das Gestein klirrt wie Glasscherben.

kritisiert: So macht man es hier nicht. Das Tier könnte treten, sich gar losreißen und das Weite suchen.
Erst jetzt merke ich, wie zügig wir geritten sind. Das Gehen macht Spaß, aber nicht mehr um Mitternacht, dazu im Dauerlauf über schartige Steine. Gut, ich wollte absteigen, also ist das mein Problem. Als wir endlich an einem Enneri halten, wird es zwei Uhr morgens. Die Männer beginnen, Tee zu kochen. Ich krieche sofort in meinen Schlafsack.
Es ist taghell, um halb sieben erst erwache ich. Die Söhne kommen gerade mit ihren Tieren zurück, die nachts mit zusammengehobbelten Vorderbeinen im sandigen Tal nach dürren Gräsern suchten. Wir essen süßen Reis und brechen auf, als die Sonne schon hoch steht. Hinter zerrissenen Lavafeldern und seltsamen Monolithen erhebt sich nah die gewölbte Riesenschüssel des Emi Kussi. Deutlich sind die ausgewaschenen Rinnen und die Haube helleren Auswurfgesteins zu erkennen. Von hier dauert es mit Kamelen zwei Tage bis auf den Kraterrand, versichert Djimmy. Dort gibt es bei Yi Yerra heiße Quellen, an der hier sichtbaren Südabdachung Felsbilder. Wenn meine Begleiter bereit wären, würde ich sofort den Kurs ändern. Sie haben ganz andere Träume: frisches Fleisch. Die Brüder schultern ihr französisches Repetiergewehr aus dem Jahre 1936 und folgen nach links einer Gazellenspur.
Wie zerfließende, sich überlagernde Vexierbilder schieben sich Felsen heran, ändern sich Landschaft und Perspektiven. Ich erwandere mit den Augen schartige Grate bis hinunter zum angewehten Sand, sehe die filigranen Silhouetten trockener Akazien vorbeiziehen. Wiegend ist der Kamelgang, stetig und sicher tragen sie uns voran. Weit ist der Blick vom Kamelhöcker, nicht zu vergleichen mit dem engen Gesichtskreis in einer lärmenden, nach Sprit stinkenden, bockigen Kiste. Kamele brauchen keine Ersatzteile. Frieden zieht ein, Freude über diesen Abschluß der Reise, die meine Sorge über das Schicksal des Landrovers verdeckt. Schon sind die Tage miteinander verwoben, beherrscht der Wechsel von Sonne und Mond, Reiten und Gehen, Reise und Ruhe die dahinfließende Zeit. Auch Gukuni findet Gefallen an dem ungewohnten Transportmittel, doch unser persönliches Verhältnis bleibt weiterhin auf höfliche, manchmal eisige Distanz beschränkt. Er betreibt bewußt meine Isolation, übersetzt nicht. Nur Djimmy spricht etwas französisch, das keine Unterhaltung zuläßt.
Die Söhne kommen mit leeren Händen zurück. Djimmy fährt sie nicht an, aber jede Handlung ist Vorwurf, unterdrückte Aggression: das Niederreißen des Kamels am Maulstrick, hartes Aufknoten der Stricke, Hinunterwuchten der Lasten. Ich versuche zu helfen. „Das kannst Du doch nicht.“ gleich darauf fährt er mich an: Ob ich nicht anfassen könne? „Siehst Du nicht, wie die Jungen arbeiten müssen? Und ich, in meinem Alter! Das alles für so wenig Geld.“ Ich muß mir ein Grinsen verkneifen. Nachtigal allein hilft hier nicht weiter. Djimmys Verhalten bündelt dasjenige vieler Zeitgenossen: die eigene Situation beklagend, widersprüchlich – menschlich.
Es gibt keine Eile. Auch heute wird selbst mittags gekocht – zeitaufwendiger Hirsebrei.

Das Tibesti verabschiedet sich mit Stiefeln aus Stein, die ein Riese zurückließ.

Die Tage sind kurz. Um 18 Uhr dämmert es, mindestens eine Stunde vorher wird der Rastplatz gesucht. Immer öfter kalkuliere ich unser Vorankommen; kaum 40 Kilometer am Tag. Das ist für Touristen und mich viel, aber für die Tubu sehr wenig. In vier Tagen wird die französische Transall-Maschine von Faya nach N'Djamena fliegen; sie zu verpassen, bedeutet eine verplemperte Woche. Mittlerweile bin ich die sechste Woche unterwegs, viel länger als geplant. In meinem Büro wird die neu angestellte Halbtagskraft wohl ihren ersten Nervenzusammenbruch erlitten haben. Zum Teufel, ich habe die Kamele für einen Haufen Geld gemietet und bin doch nur ein hilfloser, abhängiger Trottel! Je mehr wir uns Faya nähern, um so mehr gewinnen wieder europäische Logik und heimisches Zeitdenken die Oberhand.

Djimmy versteht mein sanftes Drängen nicht, als wir abends beim Tee sitzen: „Es geht doch eine Woche später wieder eines dieser Flugzeuge." Auf seine Weise hat er recht, ich auf die meine. Es gibt kaum eine Brücke. Auch deshalb scheitern so viele Entwicklungsprojekte: Produkte unserer Logik werden boykottiert oder einfach dem Verfall überlassen, weil sie nicht „stimmig" sind.

Am nächsten Tag sorgen wundersame Felsgebilde für Ablenkung. Das Tibesti verabschiedet sich mit einem Feuerwerk von Farben und Formen. Ein schwarzer Berg ist zum Spukschloß mit Fenstern, Türmen, Säulen, Gesimsen und Zinnen erodiert. Weiter entfernt, wirkt das Urgestein wie eine Kathedrale mit mächtigem Seitenschiff. Aus kilometerlangen, wie betonierten Platten ragen messerscharfe, gerade Stege – stehengebliebene „Kluftfüllungen" aus härterem Eisenmangan. Durch Feuchtigkeit lösten sich Mineralien, die sich in feinen Rissen gesammelt haben. Andere Felsen türmen sich zu schuppigen Knollen, die an riesige Schildkrötenpanzer erinnern – so nennen auch Geologen diese Verwitterungsform. Auf düsterer Pyramide thront eine metergroße Steinkugel, als ob sie bei der kleinsten Berührung hinunterrollen würde.

Am Abend koche ich aus den letzten Landrover-Vorräten Spaghetti mit Tomatensauce; selbst versteinerter Parmesankäse ist vorhanden, an dem die Reisebegleiter verständlicherweise keinen rechten Gefallen finden. Die Nudelform gibt ihnen Rätsel auf: „Ihr Nazarahs habt schon komische Einfälle. Warum sind die Nudeln so dünn und lang?"

Zum ersten Mal seit meiner Abreise vermisse ich einen guten Schluck Rotwein. Landwein würde schon reichen.

Am vierten Tag reiten wir durch ein zerriebenes Plateau mit parallelen Windgassen, grobkörnig mit Sand gefüllt. Tief sacken die Kamele ein. Der Himmel ist grau vor Staub. Dazwischen stehen Gebilde wie eine Gartenlaube mit vier Pfeilern, zwei pickende Hühner und der Mann mit Goldhelm. Halbwilde Kamele kreuzen unseren Weg. Der Bulle, Schaum vorm Maul, versucht einem unserer Tiere in die Kniekehle zu beißen, verfolgt uns lange und geifernd. Mittags sorgt Djimmy wieder einmal für Abwechslung.

Aus seinem unergründlichen Ledersack zieht er zwei Blatt schneeweißes Papier. Dazwischen befindet sich Blaupapier einer deutschen Firma. Alles wird ordentlich mit einer Büroklammer zusammengehalten. Er reicht mir die Seiten mit wichtiger Miene: „Il faut signer."

„Was? Was soll ich unterschreiben?" Gukuni läßt sich zu einer Übersetzung herab, anstatt mich als Gast des Tschad vor solchem Unsinn zu bewahren. „Oben Dein Name. Das Datum. Dann bestätigst Du, Djimmy und seinem Sohn je ein Radio nach Deiner Rückkehr versprochen zu haben. Mit Kassettenteil."

In meinem müden Kopf werden verschiedene Schaltkreise geschlossen. Sie erzeugen abwechselnd Belustigung, Wut, Enttäuschung und Bedauern. Als Gegner nationaler Phrasen und zu großer Worte höre ich mich sagen: „Ich habe Dir die Radios versprochen. Ein Deutscher hält sein Wort. Was die Tubu machen – ich weiß es nicht."

Das sitzt. Djimmy nimmt die Papiere wieder an sich und verstaut sie verschämt im Ledersack. Er sagt kaum etwas, will aber sagen: „Ist schon gut, wollte ja nur mal fragen." Wortlos stehen wir auf und beladen die Kamele. Wir reiten ohne Pause, bis in den Abend hinein. Die sieben Stunden auf Faya werden lang, erzeugen zeitweise Seekrankheit. Meine Füße sind überkreuz am Kamelhals geordnet, dann abwechselnd in Fakir-Haltung oder im Damensitz rechts oder links. Viel lie-

Diese Dattelspeicher haben sich im Tibesti seit Jahrhunderten bewährt. Ohne Vorhängeschloß.

ber würde ich gehen, aber Hauptsache, es geht voran. Ein Tubu klagt nicht.
Als wir anhalten, ist es 21 Uhr. Djimmy scheint mit sich wieder im reinen zu sein. Schaut er mich nicht sogar etwas wohlwollend an, habe ich irgendeinen Test bestanden? Vielleicht. Es ist auch gleich. Die Situation kann sich schon in fünf Minuten wieder ändern. Nur die Freundschaft mit dem Kamelhengst Faya bleibt gleich. Es hat sich so eingespielt, daß ich ihn abends mit ein paar Datteln belohne, die er krachend und genüßlich zermahlt. Jetzt erinnert er mich sanft daran, stupst mit seiner gepaltenen, weichen Schnauze an meine Hosentasche.
Am fünften Tag erreichen wir die Oase Tigi an zwei Seen mit brackigem Wasser, in dem Fische schwimmen. Schilf wogt im starken Wind, zwergenhafte Rinder weiden am grünen Ufer. Noch ungewohnter erscheinen mir fremde Menschen, die mit flatterndem weißen Gewand auf uns zukommen. Djimmy hat hier eine Tante, die alt und krank ist. Wir warten vor ihrem Haus aus ungebrannten Lehmziegeln. Heftige Böen peitschen uns feinen Sand ins Gesicht. Ich denke an die phantastischen Seen von Unianga Kebir und Serir, rund 220 Kilometer östlich von Faya, mit dunkelblauem Wasser vor Sanddünen und wunderlich farbigen Felsen. Vielleicht beim nächsten Mal.
Einige Stunden hinter Tigi: Bedo. Hier wird seit Jahrhunderten Salz gewonnen, in Faya stehen die hutförmigen Kegel auf dem Markt. Wir lagern auf einer Salzwiese, essen Reste

Wir sind wieder im Reich des Sandes. Die Oase Faya ist drei Tagesritte entfernt.

von getrocknetem Ziegenfleisch mit einer Sauce aus eingeweichten, dehydrierten Tomaten. Ein Alter mit Händen wie sprödes Akazienholz ißt mit. Djimmy kennt ihn schon lange. Auf federndem Boden ziehen wir an Natronseen vorbei, neben denen klare Quellen mit Süßwasser sprudeln.
Nun verlassen wir endgültig das Reich der Steine. Weiche Sandfelder wechseln ab mit geschwungenen Dünen und kiesigen Ebenen. Beim Aufsteigen schlage ich mir den Fingerknöchel am Lastsattel auf, der, mit Decken belegt, so etwas wie eine Reitunterlage ergibt – nur zwei Blutstropfen, die schnell in der trockenen Luft verhärten. Bei solcher Bagatelle erübrigt sich die Suche nach einem Pflaster. Mit Interesse beobachte ich das neue Umfeld. Die Kamele staken nun über harte, gelbe Grasbüschel, an deren Nordostseite der Wind Miniatur-Sanddünen angeweht hat. Meine Hand schmerzt, aber das wird sich geben.
Abends ist meine Hand dick geschwollen. Nachts ist an Schlaf nur nach einer starken Schmerztablette zu denken. Gukuni schnarcht laut wie nie – und das will etwas heißen. Ich ziehe mein Zelt gegen den stärker werdenden Wind. An der ausgewählten Stelle unter Dum-Palmen wird das Kuppelzelt eiförmig flachgebogen, die Nylonwände knattern im Sturm. Wieder muß ich mir eine andere Stelle suchen. Die Hand ist nun gelähmt und brennt wie Feuer.
Morgens zieht sich ein roter Streifen entlang der Hauptschlagader über den ganzen Unterarm: Blutvergiftung. Nur Ruhe bewahren, sofort Antibiotika einnehmen. Außerdem sind wir kaum mehr als 20 Kilometer von Faya-Largeau entfernt. Ich bitte Gukuni, mir beim Verpacken des Schlafsacks zu helfen. Er lehnt brüsk ab: „Da Du weit entfernt von uns geschlafen hast, wird es jetzt wohl auch allein gehen."
Ich versuche meinen Begleitern den Ernst der Lage klarzumachen. Djimmy sagt ungerührt: „Wir haben Gazellenspuren entdeckt und werden ein Tier erlegen." Das versuchten sie schon mehrfach. Bald darauf durchbricht ein Schuß die Stille, kommen seine Söhne mit dem geschossenen Bock und beginnen seelenruhig, das Tier auszuweiden. Djimmy bietet mir gebratene Leber an und wundert sich, daß ich heftig ablehne. Zur hilflosen Wut gesellt sich nun Angst.
Erst gegen zehn Uhr kommen wir los. Wieder gibt es eine lange Pause: „Wir müssen hier Gras schneiden, in Faya gibt es kaum etwas." Erst nach drei Stunden tauchen sie mit zweien der Kamele auf. Um irgend etwas zu tun, schlucke ich weitere Tabletten und verbinde mir die krallige, dicke Hand. Scheinbar endlose Fels- und Sandformationen müssen durchquert werden. Hinter jedem Hügel erwarte ich Faya. Als ich die Hoffnung aufgebe, liegt der Palmenhain vor uns. Wir erreichen die Oase im Dunkeln.
„Dangereux". Der kahlrasierte, französische Legionärsarzt greift zur Spritze und wenig später zum Skalpell.
Hier hat sich nichts geändert. Beim stellvertretenden Präfekten gibt es wieder Hammelfleisch mit Sauce und dösende Besucher in den Polstersesseln. Morgen früh fliegt die Transall. Djimmy erhält sein Geld.
Unsere Spuren hat schon jetzt der Wind verweht.

Informationen zum Tschad

Größe, Bevölkerung:
Das Binnenland hat eine Fläche von 1,28 Mill. km^2 und erstreckt sich von der Feuchtsavanne (Südgrenze: Zentralafrikanische Republik) bis weit in die zentrale Sahara (Nordgrenze: Libyen).
Die Republik Tschad hat etwa 5,7 Mill. Einwohner. Im Südwesten (bei Mundu) leben 10 bis 20 Menschen auf 1 km^2, im Norden weniger als 1. Die negroiden Völker im Süden sind unter der Bezeichnung Sara zusammengefaßt. Größte Bevölkerungsgruppe (rund 53 %) bilden Araber und arabisierte Völker (Uled Slimane, Kanembu, Buduma, Hadjerai). Im Süden leben Sara und verschiedene andere negroide Gruppen (insgesamt 45 %). Daza und Tubu repräsentieren die restlichen 2 %.

Wirtschaft, Verkehr:
Tschad zählt zu den 5 ärmsten Ländern der Erde. Es gibt nur eine asphaltierte Straße von knapp 400 Kilometern. Der nächste Hafen (Duala in Kamerun) ist von der Hauptstadt N'Djamena 1300 Kilometer entfernt. Eine Eisenbahn existiert nicht. Baumwolle (fast 90 % Exportanteil), Erdnüsse und Viehzuchtprodukte bilden das schwache Rückgrat der Wirtschaft. Die Industrie (vor allem Verarbeitung von Agrarprodukten, wie Ölmühlen und Textilfabriken) ist nur gering entwickelt. Wichtigster „Wirtschaftsfaktor" ist Entwicklungshilfe (rund das Doppelte der Exporterlöse). Alle Hoffnungen richten sich auf Ausbeutung des Erdöl im Tschadsee-Becken. Es soll beträchtliche Vorräte geben. Zunächst ist eine Förderung im kleinen Rahmen zur Deckung des Eigenbedarfs geplant.

30 Jahre Krieg und Frieden – wichtigste Daten

1960 Formelle Unabhängigkeit am 11. August.
1965 Nord-Tschad, bis dato unter französischer Miitärkontrolle, wird von der tschadischen (überwiegend schwarzafrikanischen) Regierung verwaltet. Es kommt zu Auseinandersetzungen zwischen rebellierenden Tubu und Steuereintreibern.
1966 Gründung der Befreiungsfront FROLINAT im Sudan.
1968–1972 Interventionen französischer Truppen im Norden auf Geheiß von Präsident Tombalbaye. Organisierter Rebellenkampf der FROLINAT.
1974 Entführung der Archäologin Claustre, ihres Mitarbeiters und des deutschen Arztes Staewen in Bardai/ Tibesti durch Rebellen unter Hissène Habré.
1975 Ermordung von Präsident Tombalbaye. General Felix Mallum folgt nach.
1979 Habré avanciert 1978 zum Premierminister unter Mallum, der sich dadurch eine Lösung des Rebellen-Problems erhofft. Es gibt jedoch bald bewaffnete Auseinandersetzungen. Mallum flüchtet. Erst die Beteiligung der 2. FROLINAT-Armee unter Gukuni Oueddeye bringt (trügerischen) Frieden. Im August wird Gukuni Präsident einer Übergangsregierung (GUNT), sein ehemaliger Weggefährte Habré wird Verteidigungsminister.
1980 Von nun an bestimmen Machtkämpfe der beiden FROLINAT-Chefs die Szene. Im März kommt es zur Zweiten Schlacht von N'Djamena zwischen FAN-Truppen Habrés und GUNT-Kämpfern. Tausende von Zivilisten sterben, die Hauptstadt wird vollkommen verwüstet. Im Dezember kann Gukuni mit libyscher Hilfe die Regierungsgewalt nochmals übernehmen.
1982 Im Juni reißt Habré wieder die Macht an sich (unterstützt von konservativ-arabischer Seite). Es kommt fast zur Spaltung der OAU (Organisation für Afrikanische Einheit) über die Frage, ob Habré oder Gukuni zu unterstützen seien.
1983 Gukuni gelingt es mit libyscher Hilfe, weite Teile des Nordens und Ostens unter Kontrolle zu bringen. Im August beginnt die „Operation Manta": 2800 französische Legionäre und Fallschirmjäger sollen die Sicherheit Tschads bis zum 16. Breitengrad (südlich Faya-Largeau) garantieren.
1985 Trotz Versprechen eines gegenseitigen Truppenabzugs zwischen Präsident Mitterand und Revolutionsführer Gaddaffi bringt Libyen faktisch den gesamten Nord-Tschad unter seine Kontrolle.
1986 Nach Rivalitäten innerhalb des GUNT und „Hausarrest" Gukunis in Tripolis paktieren dessen abgespaltenen FAP-Truppen im Dezember mit Habrés FANT-Kämpfern gegen die libyschen Besatzer. Frankreich und die USA senden Waffen, 1987 auch „Stinger"-Raketen.
1987 Habrés Regierungstruppen erobern im März die größte libysche Basis, Wadi Dum. An einem Tag sterben dort über 1000 Libyer. Die Überlebenden flüchten zurück nach Libyen; Nord-Tschad ist damit befreit.
1989 Libyen schließt mit Tschad einen Vertrag, die Frage des 1973 von Libyen annektierten Landstreifens von Auzu im äußersten Norden des Tschad über den Haager Gerichtshof friedlich beizulegen.
Am 1. April versucht Habrés populärer (und in Nord-Tschad siegreicher) Armeechef Idris Déby zusammen mit seinem Bruder (Innenminister Itno) Habré zu stürzen. Der Putsch schlägt fehl; Itno wird hingerichtet, Déby flieht mit Getreuen und installiert sich im West-Sudan.

1990 Obwohl Déby Gaddaffi eine schmähliche Niederlage bereitete, unterstützt ihn dieser mit Waffen gegen Habré. Seit Mitte November fügt der Wüsten-Stratege Déby den Regierungstruppen Niederlagen im Osten des Tschad zu. Frankreich verhält sich neutral, was einer indirekten Hilfe für Déby gleichkommt; in Paris hat man nicht die 3jährige Geiselhaft von Madame Claustre und die Ermordung des Unterhändlers Galopin vergessen. Débys Truppen treffen kaum auf Widerstand und ziehen am 1. 12. in N'Djamena ein. Habré flüchtet nach Senegal und läßt zuvor etwa 300 politische Gefangene ermorden. Der erst 38jährige Déby – ein Zaghaua aus dem Osten des Landes – wird provisorischer Präsident und gründet den MPS (Mouvement Patriotique du Salut). Er verspricht baldige freie Wahlen, ohne einen Termin zu nennen.

1991 Déby führt die Pressefreiheit ein; es gibt bald mehrere private und kritische Zeitungen. Obwohl libyenfreundlich, bemüht sich der MPS um eine ausgewogene Politik. Im Sommer besucht der ehemalige Rebellenführer und Ex-Präsident des GUNT, Gukuni, nach langem Exil N'Djamena. Ein Kongreß des MPS im Juli zeigt die Zerstrittenheit und fehlende politische Erfahrung der meisten Mitglieder. Ein Termin für freie Wahlen wird noch immer nicht genannt.

1992 Am 23. 12. 1991 beginnen Rebellen von der Republik Niger aus massiv auf die Hauptstadt N'Djamena vorzurücken. Paris entsendet zur Unterstützung der Regierung Déby am 2. Januar 450 Fallschirmjäger in den Tschad, wo es noch eine Truppe von 1200 Mann unterhält. Am 4. Januar kommt es zu heftigen Kämpfen bei Bol und Liwa am Tschadsee; beide Orte waren zuvor von den Rebellen (wahrscheinlich von Ex-Präsident Habré unterstützt) eingenommen worden. Nach Regierungsangaben starben 400 Aufständische, 300 wurden gefangengenommen. *Le Monde* berichtet, daß die tschadische Armee völlig überrascht worden sei. In den Wochen zuvor haben sich 6 Oppositionsparteien formiert; 1992 soll eine Nationalkonferenz stattfinden.

Weiterführende Literatur

Briem, E.: Das Tibesti-Gebirge. In: Die Sahara, Mensch und Natur in der größten Wüste der Welt. Hrsg. G. Göttler, Köln 1984.

Chapelle, J.: Nomades noirs du Sahara. Paris 1957. – Ebenso wie das Standardwerk von Peter Fuchs eine genaue Darstellung der Tubu – vor den umwälzenden kriegerischen Ereignissen ab Mitte der 60er Jahre.

Chapelle, J.: Le peuple Tchadien. Paris 1980. – Der Band bietet eine gute Zusammenfassung: Landesnatur, Geschichte, Religionen werden ebenso behandelt wie die wichtigsten Volksgruppen und politischen Ereignisse bis 1980.

Cornevin, R. u. M.: Geschichte Afrikas von den Anfängen bis zur Gegenwart. Frankfurt/Berlin 1980.

Decker, M.-L. de/Tondoni, Ornella: Für den Tschad. Köln 1979. Eindrückliche s/w-Fotos, aber schlecht übersetzter Text. Die Fotografin hielt sich mehrere Monate bei den Tubu-Rebellen auf (Original in besserem Druck: Pour le Tchad. Paris 1978).

Fuchs, Peter: Völker der Südost-Sahara. Wien 1961. – Noch immer das deutschsprachige Standardwerk zu diesem Thema.

Gabriel, B.: Von der Routenaufnahme zum Weltraumphoto. Die Erforschung des Tibesti-Gebirges in der zentralen Sahara. Berlin 1973. – Das Taschenbuch gliedert sich in zwei Teile: Nach einer fundiert-lebendigen Darstellung der Erforschung der Besonderheiten des Tibesti folgt eine umfassende Bibliographie der wichtigsten Publikationen über das Gebiet – etwa 650 überwiegend wissenschaftliche Arbeiten.

Gardi, R.: Tschad. Zürich 1952.

Jäkel, D.: Eine Klimakurve für die Zentralsahara. In: Sahara. 10 000 Jahre zwischen Weide und Wüste. Köln 1978.

Ki-Zerbo: Die Geschichte Afrikas. Frankfurt 1978.

Nachtigal, G.: Sahara und Sudan. Berlin 1879. (Gekürzte Fassung: Hrsg. Schiffers, H., Tübingen 1978.)

Rönneseth, Ottar: Gräber im nordwestlichen Tibesti. München 1982.

Schiffers, H. (Hrsg.): Die Sahara und ihre Randgebiete: Die Hochgebirgswelt des Tibesti – Beiträge von W. Heckendorf, K. Kaiser, H. Weis. 3 Bde. 1971-73.

Staewen, C./Striedter, K.-H.: Gonoa. Felsbilder aus Nord-Tibesti (Tschad). Stuttgart 1987. – Neben detaillierter Darstellung, Fakten und Hypothesen sind die wichtigsten Felsbilder von Gonoa als Zeichnungen abgebildet.

Striedter, K.-H.: Felsbilder der Sahara. München 1984. Reich illustriertes Standardwerk über die Sahara und ihre Felsbildepochen mit Bildtafeln und Fundorten.

Verame, J.: Tibesti – Le désert et la couleur. Genf 1989. (Edition Skira). – Pracht-Bildband über die bunte Felsen-Kunst bei Bardai.

Atlantischer
Ozean
Madeira
Kanarische Inseln
Marokko
Algerien
Sahara
Mauretanien
Mali
Senegal
Guinea-Bissau
Guinea
Sierra Leone
Liberia
Burkina Faso
Elfenbeinküste
Ghana
Togo
Benin
Niger
Nigeria
Libyen
Tibesti
Tschad
Ndjamena
Ägypten
Nil
Sudan
Saudi-Arabien
Rotes Meer
Äthiopien
Somalia
Kenia
Unganda
Zentralafrika
Kamerun
Äquat.-Guinea
São Tomé u. Principe
Gabun
Kongo
Zaire
Ruanda
Burundi
Tansania
Indischer
Ozean
Komoren
Angola
Sambia
Malawi
Moçambique
Sambesi
Zimbabwe
Namibia
Botswana
Swasiland
Lesotho
Südafrika
Madagaskar
Atlantischer
Ozean
Mittelmeer
Schwarzes Meer
Kaspisches Meer
1 : 46 000 000
0 400 800 1200 1600 2000 km
© westermann

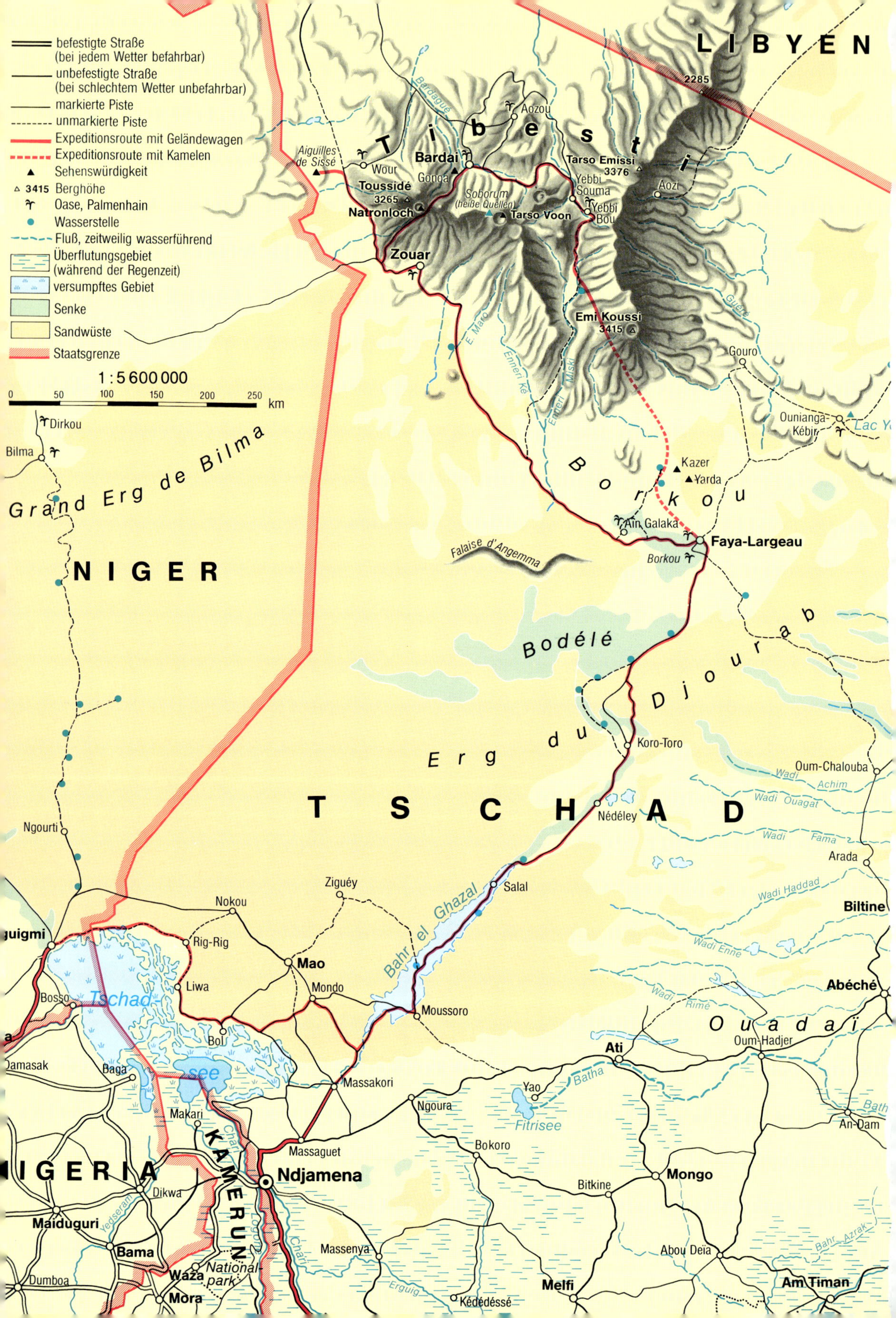
befestigte Straße
(bei jedem Wetter befahrbar)
unbefestigte Straße
(bei schlechtem Wetter unbefahrbar)
markierte Piste
unmarkierte Piste
Expeditionsroute mit Geländewagen
Expeditionsroute mit Kamelen
Sehenswürdigkeit
3415 Berghöhe
Oase, Palmenhain
Wasserstelle
Fluß, zeitweilig wasserführend
Überflutungsgebiet
(während der Regenzeit)
versumpftes Gebiet
Senke
Sandwüste
Staatsgrenze
1 : 5 600 000
0 50 100 150 200 250 km
LIBYEN
2285
Tibesti
Aiguilles de Sissé
Wour
Bardai
Gonoa
Aozou
Bardagué
Tousside
3265
Natronloch
Soborum (heiße Quellen)
Tarso Voon
Tarso Emissi
3376
Yebbi-Souma
Yebbi Bou
Aozi
Zouar
Emi Koussi
3415
E. Maro
Enneri Ke
Enneri Miski
Guéré
Gouro
Ounianga-Kébir
Lac Y
Kazer
Yarda
Borkou
Aïn Galaka
Faya-Largeau
Borkou
Falaise d'Angemma
Dirkou
Bilma
Grand Erg de Bilma
NIGER
Bodélé
Erg du Djourab
Koro-Toro
Oum-Chalouba
Wadi Achim
Wadi Ouagat
Wadi Fama
TSCHAD
Nédéley
Arada
Ngourti
Salal
Wadi Haddad
Biltine
Ziguéy
Nokou
Bahr el Ghazal
Wadi Enné
guimi
Rig-Rig
Mao
Liwa
Mondo
Abéché
Wadi Rimé
Bosso
Tschadsee
Moussoro
Ouadaï
Bol
Oum-Hadjer
Ati
Damasak
Baga
Massakori
Yao
Batha
Ngoura
Fitrisee
Bath
An-Dam
Makari
Chari
Massaguet
Bokoro
KAMERUN
NIGERIA
Ndjamena
Mongo
Bitkine
Dikwa
Maiduguri
Yedseram
Logone
Chari
Bama
Massenya
Abou Deïa
Bahr Azrak
Waza
National-park
Dumboa
Erguig
Mora
Kédédéssé
Melfi
Am Timan